DER USAMBARAVEILCHENSTREICHLER
AUF DEM WEG ZUM SÜDPOL

Gerhard Benigni

FÜR DIE LITERATURBEGEISTERTE
SUSANNE,

FÜR DICH SOLL'S USAMBARA-
VEILCHEN REGNEN...

Gerhard
03.06.16

Verlag: SchriftStella – Dr. Karin Gilmore
Illustration: Lily Pril
Umschlaggestaltung: Christina Taupe
Herstellung: BoD – Books on Demand, Norderstedt
ISBN: 978-3-9504167-0-1

Die Herausgabe dieses Buchs erfolgte mit freundlicher Unterstützung von der Stadt Villach und dem Land Kärnten.

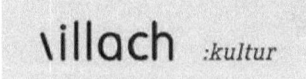 

INHALT

VERINNERLICHTER KLAPPENTEXT

Um eine gründliche Verinnerlichung zu ermöglichen, wurde dieser Klappentext bewusst nicht außen auf dem Buch angebracht. So viel zum einen. Auf der anderen Seite, von der im weiteren Verlauf durchaus gewollt noch viele folgen werden, ist es doch so, dass eine Veräußerung dieser Zeilen, der Aufforderung folgend, die Klappe zu halten, bei nicht korrekter Handhabung eine nicht vernachlässigbare Verdeckungsgefahr in sich bergen würde und im äußersten Fall in vollkommener Undurchschaubarkeit enden könnte. Diese beiden Totschlagargumente haben letztlich zu einer Innenbeleuchtung der Thematik Klappentext geführt, deren tieferer Sinn für Sie nunmehr durch das bereits erfolgte Öffnen des Buchs und das bis hierhin Gelesene nicht mehr im Verborgenen liegt.

Ganz nebenbei freut es mich als Autor selbstverständlich über alle Maßen, wenn mein Werk nicht ausschließlich an dessen äußeren Werten gemessen wird, besonders dann, wenn auszugsweise gelegentlich, gerne auch ausdauernd darin gelesen wird. Weiters war es mir ein dringendes Bedürfnis, die Gesamtheit des Buchcovers in seiner grafischen Geschlossenheit keinesfalls durch verstörende Worte zu durchbrechen. Im Gegenzug wurde dafür Sorge getragen, dass dazu im Buchinneren ausreichend Platz vorhanden ist.

Ihr ganz persönlicher Vorteil liegt nun auf der Hand: Sie brauchen nur noch umzublättern, denn Sie befinden sich bereits im Buch und je nach individuellem Lesetempo und gewählter Leserichtung mit ein wenig Durchhaltevermögen schon bald mittendrin. Abschließend sei Ihnen auf diesem Weg noch versichert, dass in den versammelten Kurzgeschichten nachfolgend unumwunden Klartext geschrieben wird. Damit nimmt die Südpolexpedition auch schon ihren Lauf.

KURZ DAVOR

Gerhard ist kurz angebunden. Beim Telefonat mit seiner Lektorin. Er hat keine Zeit. Steht total unter Strom. Wieder mal einer dieser Schreibwettbewerbe. In drei Tagen ist Schluss mit Einsenden. Hinter ihm die Sinnkrise. In ihm die Schreibblockade. Vor ihm das leere Display von seinem Tablet. Nur der Cursor. Der blinkt immer wieder kurz auf. Ein Anfang muss her. Das Thema lautet kurz und bündig „Kurz". Okay, bündig lässt sich einstellen in Word, aber welche Words packt er bloß in diese Kurzgeschichte? Hi, hi. Eine lange Kurzgeschichte zum Thema „Kurz". Das wird sicher der Burner. Kurz nachgedacht. Ob auch andere dieselbe Idee haben? Mit Sicherheit. Idee gestrichen. Ein reißerischer Untertitel muss her. Und ein spannender Anfang. Sonst kann er gleich Schluss machen. Kurzschluss. Das ist gut. Kurzschluss. Einmal eine Geschichte mit dem Ende beginnen. Dann noch ein wenig Handlung abbauen. Kurzschlusshandlung. Genau. Das ist es. Wunderbar. Über kurz oder lang wird das noch was.

Noch mal schnell die Ausschreibungskriterien durchlesen. Genre frei. Stilistische Gestaltung frei. Feuer frei. Hauptsache Prosa. Titel „Kurz". Oh! Das gibt es nicht oft. Ein eigenes Formular für die Einsendung. Erster Teil Text. Zweiter Teil Biografie. Auch gut. 10.000 Zeichen Minimum. Weniger gut. Maximal 15.000 Zeichen. Von wegen kurz. Mit Leerzeichen. Immerhin. Allerdings keine Kurzzeichen. Auf die Schnelle geht das bestimmt nicht. Kurz durchschnaufen. Kurz innehalten. In der Ruhe liegt die Kraft. Und in der Kürze die Würze. Kraftbrühe. Suppenwürfel. Kurz ziehen lassen. Die Gedanken. Nur nicht zu lange warten.

Kurzbrief. Wer schreibt heutzutage noch Briefe? Kurzurlaub. Täte ganz gut. Kurzdistanz. Oder sich doch lieber distanzieren von der Ausschreibung? Einen Kurzfilm drehen. Stilistische Gestaltung frei. Aber Film? Vielleicht das Drehbuch zu einem Kurzfilm? Kommissar Kurz ermittelt. Über Kurzkrimileichen gehen. Am Set beim Film. Kurzhantelset. Eine Geschichte über einen Bodybuilder. Kurzkettige Fettsäuren. Nicht nur die Muskeln verkürzt. Großes Auto. Kurzer Schwanz. Scheißklischees. Alles Scheiße! Kurzdarmsyndrom. Kurzer Ausflug in die Medizin. Fachgebiet Darmfloristik. Die einzelnen Abschnitte des Dünndarms – Duodenum, Jejunum und Ileum mit Ileozökalklappe – erfüllen unterschiedliche Aufgaben bei der Verdauung und Nährstoffaufnahme. Die Resorption... Hey! Kurz. Kurz halten. Keine Doktorarbeit. Keine Master Thesis. Eine Kurzgeschichte gilt es, aufs Papier zu bringen.

19:00 Uhr. Die Kurznachrichten. 746 SMS hat er diese Woche schon verschickt. Der Gerhard. Flatrate. 3.000 SMS inkludiert. Pro Monat. Die wollen verbraucht werden. Ein wahres Schickschicksal. Tipp des Tages: „Bin kurz nicht erreichbar". Verteilergruppe 24 Personen. Geht schneller so. Der Inhalt. Irrelevant. Kurzum unnötig. Eindeutig dem Smsen verfallen. Der Gerhard. Aber kurze Rede, langer Sinn. Wo wir gerade beim Handy sind. Der österreichische Außenminister. Der heißt Kurz. Der ist noch jung. Bis der mal als Kanzlerkandidat von den Plakaten grinst, wird sicher schon längst online gewählt. Vom Handy aus. Da heißt's dann Kurzwahltaste drücken statt Kreuzchen machen. So weit zur Politik. Ein kurzer Blick zum Sport. Das Lokalderby im Eishockey zwischen Villach und Klagenfurt ging in die Verkürzung. Sudden life. Silber für Andrea Goldberger. Mit ihrem gestrigen Satz wurde sie frisch gebackene Vizeweltmeisterin im Kurzspringen. Der Satz lautete: „Der Goldhase hüpft weiter." Und damit geht's auch schon wieder auf Kurzdistanz zum Sport. Sonst bekommt man Atemnot. Viel zu anstrengend. Sport ist Mord. Sagt nicht nur Astrid. Doch kurz zu ihr. Das wäre vielleicht auch ein Ansatz. Wird dann eben eine kurzatmige Geschichte. Denn Astrid hat Asthma. Damit ist die Luft raus. Kurzzugluftende. Hmmmm. Gibt wohl doch nicht genug her für 10.000 Zeichen. Außer, wenn da noch der Florian vorkäme. Ihr Mann. Der zu ihr sagt: „Schatz, ich bin dann mal kurz Zigaretten holen." Doch Florian ist Nichtraucher. Ihr zuliebe. Wegen dem Asthma. Also jedenfalls sehr verdächtig. Und der kommt dann auch nicht mehr zurück. Der Florian. Somit kann ihm die Astrid nicht einmal eines husten. Aber der Florian war schon seit jeher ein Arsch. Der trägt zum Beispiel tagein, tagaus immer nur Kurzarmhemden der Marke Contergarn. Alle anderen finden das kurz und ergreifend geschmacklos. Florian meint darauf nur trocken: „Ist doch armlos, das Ganze." Da fehlt der Respekt. Aber irgendwann ziehen auch solche Typen einmal den Kürzeren. Auch in diesem Fall. Denn Gerhard entschließt sich, keine Geschichte über ihn zu schreiben.

Allerdings, lange bleibt nicht mehr Zeit. Welches Thema könnte man kurz anreißen? Dabei die Leine kurzhalten. Nicht doch! Erotikromane gibt es schon genug. Ganz und gar nicht kurzweilig. Die meisten. Ausführlichst beschrieben. Als geneigte Leserin trilogisiert. Wenn schon, dann eine Beziehungsgeschichte über Kurzzeitpartner. Mit mehrfach versingelten Frauen in Minis. Kurz, kürzer, am kürzesten. Kurz anbraten oder ausgiebig flirten? Das ist hier die Frage. Oder doch ein Hauch von Erotik? Ganz nach dem Motto „Lieber zu früh kommen als zu kurz". So was kann natürlich wieder nur ein Mann schreiben. Diese Vorhersehbarkeit. Trotz Kurzsichtigkeit. Sauerei! Der gemeine Kurzkopfgleitbeutler. Fauna statt Flora. Florian ist übrigens immer noch abgängig. Geht es nach Astrid, braucht er auch gar nicht mehr zurückkommen. Mindestens einen Kopf kürzer wäre er sonst. Nicht nur ihn würde sie kurz und klein schlagen. Reha bräuchte er danach. Der Florian. Im Kurzentrum. Kurparkzonen und Kurzparkzonen. Kurzhalten verboten.

Verdammt! Immer noch zu kurz. Erst 5.640 Zeichen mit Leerzeichen bis hierher. Da muss er wohl kurzerhand weiterschreiben. Der Gerhard. Wobei. Wenn es weitergehen soll, dann eher kurzerfuß. Ob sie das Wortspiel durchgehen lässt? Die Karin. Die Lektorin vom Gerhard. Nie und nimmer. Als Autor ist er natürlich bemüht, die ungekürzte Fassung zu bewahren. Besonders dann, wenn ein Mindestumfang gefordert ist. Streichungen können so knapp vorm Einsendeschluss sonst kurzfristig zu Stress führen. Zu enormem Stress. Mit Langzeitschäden. So wie kürzlich. Beim letzten Schreibwettbewerb. Zum Thema „Fliegen". War letztendlich wieder mal eine Punktlandung. Einen Tag vorm Abgabetermin. Zwei Absätze komplett rausgekürzt. Kurz strecken wäre ihm lieber gewesen. Dem Gerhard. Kein Wunder, dass in solchen Situationen der Puls kurzzeitig nach oben schnellt. Wenn sie ihm dann auch noch einen kurzen Abriss über die Demontagearbeiten gibt. Die Lektorin. Dann ist der Gerhard kurz vorm Ausrasten. Doch Ausrasten geht nicht. Keine Zeit für Ärger. Schnell wieder runter auf 100. Weiterschreiben.

Kürzer und knackiger soll sie werden. Die Geschichte. Keine unverständlichen Satzgebilde. Schlag auf Schlag. Kurze Sätze. Es muss arbeiten. Das Hirn. Dann beim Lesen. Oder beim Vorgelesenbekommen. Extrem gefordert. Das Ultrakurzzeitgedächtnis. Wortspiel aufnehmen, merken. Nächstes Wortspiel aufnehmen, merken. Zwischentöne aufnehmen, merken. Weiteres Wortspiel aufnehmen, merken. Zusammenhang vergessen. Ultrakurzzeitgedächtnis abrufen. Kombinieren. Kurz schmunzeln. Weiter im Takt. Nächstes Wortspiel. Tempo, Tempo! Nicht auf der Kurzwelle dahinplätschern. Eine wahre Wortflut soll über die Lesenden hereinbrechen. Kurze Unterbrechung an dieser Stelle.

Gerhard muss jetzt kurz die Welt retten. Besser gesagt seine Kurzgeschichte. Falls da überhaupt noch etwas zu retten ist. „Rettätä. Rettäta. Morgen homma Schädelweh", geht es ihm durch den Kopf. Kurzarbeit. Die bringt angeblich den Aufschwung. Ja, so einen Aufschwung, den könnte diese Geschichte durchaus brauchen. Sonst macht sie wieder kurzen Prozess. Die Lektorin. Streicht den ganzen Absatz. So kurz vorm Ziel. Kurz, bevor die 10.000 Zeichen erreicht sind. Vielleicht doch noch ein Kurzbesuch bei Astrid? Astrid hat jetzt eine Kurzhaarfrisur. Florian war immer dagegen. Welcher Florian? Längst vergessen. Das kurze Tete-à-Tete mit dem Typ. Haut einfach ab. Kurzschlusshandlung. Genau. Die hat er sich doch gewünscht. Der Gerhard. Nur, das stimmt so nicht. Der war lange geplant. Der Abgang vom Florian. Der hat sich mehr als angedeutet. Zumindest für den, der sie kennt. Die ganze Geschichte. Die 250 Seiten davor. Das war klar, dass der irgendwann weg ist. Nur die Vorgeschichte. Viel zu lang für diesen Schreibwettbewerb. Maximal 15.000 Zeichen. Keines mehr. Die unshortierte Version. Viel, viel länger. Daher nur der kurze Auszug. Vom Florian. Und von der Astrid. Die wohnt übrigens immer noch dort. Außer, sie ist kurz darauf ausgezogen. Oder gestorben.

Eine sehr kurzlebige Erzählung.

Ein kurzer Blick auf die Uhr. 22:22 Uhr. Es fehlen immer noch 1.305 Zeichen. Das darf doch nicht wahr sein. Gerhard ist kurz vorm Einschlafen. Eine Kurzreise fehlt noch. Last-Minute-Buchung. Klar doch. Aber wohin? Und vor allem: Wer soll verreisen? Schnell noch zwei neue Charaktere aus dem Hut gezaubert. Hinz und Kunz. Piep und Schnurz. Fly und Robin. Na toll. Robin aus dem Hut gezaubert. Auweh! Deutschenglische Wortspiele. So nicht. Die mag sie gar nicht. Die Lektorin. So wird das nichts. Und überhaupt. Lauter Kurznamen. Wenn, dann schon echte Namen. Am besten Doppelnamen. Zumindest zwei, denen man abnimmt, dass sie auf einem Kurztrip sind. Wie wär's mit Naddel und dem Faden? Nein, das passt doch durch kein Nadelöhr. Hör auf! Noch mal kurz nachdenken. Hans-Peter Oberguggenberger-Fleischhacker und Marie-Christine Friessnegger-Oberguggenberger auf Kurzvisite in Spiegelberg-Kurzach. Im Rems-Murr-Kreis. In Baden-Württemberg. Das sind schöne Namen. So gefällt es ihm. Das gibt Zeichen. Was sagt die Uhr? Ach, du Schreck! Kurz vor Mitternacht. Ein letztes Mal noch kurz durchlesen ist nicht. Und auf ein Lektorat muss er diesmal sowieso verzichten. Der Gerhard. Da wird die Karin kurz eingeschnappt sein. Aber lange hält das bei ihr ja nie an. Hoffentlich sind nicht zu viele Fehler drin. Und Wortwiederholungen. Aber was soll's? Noch mal schnell die Wörterzählfunktion aufrufen. Na endlich. 10.034 Zeichen werden angezeigt. Minimalanforderung erfüllt. Jetzt noch rasch die Daten für die Kurzbiografie im Formular ausfüllen und ab geht die Post. Danach heißt es schnell schlafen. Morgen ist wieder Kurzarbeit angesagt. Der nächste Einsendeschluss wartet. Und zwar zum Thema „Prokrastination – pro und kontra".

DIE KUNST DER STUNDE – EINE KUNSTGESCHICHTE

Kunst. Wer geht da noch hin? Kunstglocke. Hat die Stunde der Kunst bereits geschlagen? Wer weiß. Jedenfalls, wo kämen wir denn hin, wenn alle hingingen, um zu schauen? Sie wären voll, all die Kunstschauplätze dieser Welt. Große Theater. Kleine Galerien. Wenn dann auch noch recht öffentliche Sender darüber ausführlich berichten würden. Nicht auszudenken. Heute Morgen wieder 32 Tote bei Bombenanschlag in Ramallah. Ach so, nein, Kunst lebt. Gestern Abend wieder 85 Besucher bei Kunstausstellungseröffnung in Klagenfurt. Dem Kunst- und Kulturauftrag nachkommen. Ob dabei Sendungen wie „Kunst & Krempel" förderlich sind? Muss die Kunst umgekrempelt werden? Müssen Künstler ihre Hemdsärmel hochkrempeln? Konfrontiert mit Fragen über Fragen. In der Konfrontation steckt schon das Wort Front. An vorderster Front für mehr Kunst im Land kämpfen. Schön und gut. Allerdings steckt im Klamauk auch das Wort Lama drin. Lama-Trekking. Falsche Fährte. Und überhaupt. Wozu die ganze künstliche Aufregung? Stopp jetzt erst mal! Schluss mit der gestundeten Kunst. Kurze Kunstpause.

Auf die Kunstpause folgt der Kunstbanause.

Alfred ist Kunstbanause. Einer, wie er in der Galerie steht. Direkt neben seiner Frau. Mitgenommen schaut er aus. Der Alfred. Die Unfreiwilligkeit seines Besuchs. Sie steht außer Zweifel. Alfred und Kunst. Das passt wie das Auge auf Faust. Wie Mephisto zum Weihwasser. Bilder vor seinen Augen. Augenblicke. Bilder in seinem Kopf. Kopfschütteln. Der Zusammenhang zwischen den Bildern und ihren Titeln. Ein großes Mysterium. Ein einziges. Für Alfred. Angela hingegen. Seine bessere Hälfte. Besser gesagt die besessenere Hälfte. Zumindest was Kunst anbelangt. Voller Begeisterung. Fasziniert von den farbigen Quadraten. Teils bunt, teils einfärbig quadratisch. Ist das Kunst? Oder Werbung für Ritter Sport? Welche Schichten spricht das an? Sind die Farbschichten ansprechend? Fragt sich Alfred. Er wäre lieber daheim. Daheim auf der Terrasse. Die mit dem Kunstrasen. Das ist ihm Kunst genug. Kein mühsames Mähen. Die Kunst des Müßiggangs. In der übt er sich.

Noch etwas ist Kunst für Alfred. Sich immer wieder neue Ausreden einfallen zu lassen, warum er den Müll nicht runterbringen kann. Ein Trennungsgrund. Papier zu Papier. Bio zu Bio. Restmüll zu Restmüll. Kunststoffflaschen zu Kunststoffflaschen. Die enthalten auch Kunst. Und drei F. Merkwürdige Gedanken, die Alfred beim Betrachten der Bilder durch den Kopf gehen. Die Geister scheiden sich. Doch sein innerlicher Monolog wird jäh durch ein „Und, Alfred, wie gefallen dir die Bilder?" unterbrochen. Oh, mein Gott, jetzt möchte Angela auch noch wissen, was er von dieser Quadratur der Kunst hält. In Kunstkreisen mag so was durchaus gerne gesehen werden. Alfred hingegen. Er sieht sich außerstande, seinen wahren Empfindungen Ausdruck zu verleihen, zumal damit ein Streit mit Angela unausweichlich wäre. Darum fällt seine Antwort verhalten pragmatisch aus. „Die Gemälde wirken sehr strukturiert auf mich." Angela gibt sich mit der Antwort wortlos zufrieden und sich selbst dem nächsten Quadrat hin. Dasselbe in Grün. Alfreds Gedanken nehmen erneut seltsame Formen an. Von wegen Struktur. Strukturschädel, die meisten Künstler. Das Quadrat als Kunstform. Rechte Ecken sind verpönt. Wer bringt den Müll raus? So ein Mist. Kunstdünger. Feldversuche. Am Acker. Auf der Leinwand. Jean-Jacques Carré. So heißt er, dieser Quadrant. Eine Sauerei, das Ganze. Schweinskarree. Wann wird endlich das Buffet eröffnet?

Immer nur Quadrate, Quadrate, Quadrate. Ein armes Würstel. Gefangen im Kunstdarm. So ein Scheiß. Der Fabian. Der kann das auch. Der würde wenigstens ab und zu drüber rausmalen. Über den Rand. Vom Quadrat. Und stolz wäre er. Der Opa. Auf seinen Enkel. Quadrate sind so konservativ. Dreiecke wären viel erotischer. Sinniert Alfred weiter. Doch er hat längst resigniert. Viereckig durch und durch. Sogar der Ausstellungsführer. Quadratisch. Der in Papierform. Die Erklärdame. Nur ansatzweise. Gleich breit wie hoch. Das schon. Aber nicht so geradlinig. Ob Alfreds Gedanken jemals noch nie Kurve kriegen?

Vielleicht eher Alfreds Niveau. Die Skulpturen im Keller der Galerie. Kunst mit Tiefgang. „Holz von Kopf bis Fuß – Holz lebt". So der vielversprechende Titel der Sonderausstellung. Wahrscheinlich menschliche Gestalten aus Holz. Jedenfalls dreidimensional statt viereckig. Naturverbunden statt abstrakt. „Schau mal, Alfred, zwei Kleinkinder aus Ebenholz", euphorisiert Angela beim Anblick des ersten Ausstellungsstücks. „Wo?" „Na da, direkt vor deiner Nase." „Was? Die zwei sperrigen Klötze da? Das sollen Kinder sein? Niemals." Alfred wirft einen Blick auf den Titel. „Ha, ha, von wegen Kinder. ‚Die zersägte Jungfrau' nennt der Schnitzer sein Werk", bemerkt Alfred süffisant. Ja, ja, zwei Kinder. Jungfrau. Kinderlos. Keine Ahnung von Kunst, die Alte. Aber mich dazu verdonnern, mitzugehen. Setzen seine Gedanken fort. Angela deutet auf eine weitere hölzerne Figur. „Alfred, schau, ein Charakterkopf. Den kennst du sicher. Das ist doch der, der, na der..." Alfred wählt wieder die Variante „Erst lesen, dann sprechen". „Schlicht und ergreifend ‚Holzkopf' lautet der Titel", verkündet er, nicht ohne dabei hämisch zu grinsen. Charakterkopf. Irgendein Schädel ist das. Immerhin als Kopf erkennbar. Allerdings ein ziemlicher Quadratschädel. Würde sich oben ganz gut machen. Während

Angela den Holzblöcken weiter unbeirrt frei von der Leber weg Namen vergibt, blockt Alfred das nächste „Schau, Alfred..." ab. „Schau du erst mal aufs Schild, bevor du dich wieder blamierst." Aus Alfreds Sicht sind auch die restlichen Ausstellungsstücke von einer derartigen Unkenntlichkeit geprägt, versägt und zerschnitzt, dass ihr Anblick in jeder Faser schmerzt. Alfreds Resümee. Ein ungehobelter Kerl, dieser Künstler. Auf Kriegsfuß mit der Kunst. Im Gegensatz zu den Titeln der Skulpturen ist sein Name jedoch Programm: Walter Holzfeind. Und Angelas Namensgebungen. Ein Kunstfehler nach dem anderen. Wenigstens ein wenig Genugtuung an diesem verhauten Abend.

Kurzer Kunstgriff ins fettarme Näpfchen.

Kunstmeilen braucht das Land. Jeder Einzelne kann mithelfen. Sammeln Sie Kunstmeilen! Warum werden die eigentlich nicht in Kilometern angegeben? Die Kunst braucht Kunstmäzene. Keine Mätzchen mit der Kunst. Viel zu ernst die Lage. Immer mehr freischlafende Künstler. Unterförderte Kunsthäuser bieten auf Dauer kein Dach überm Kopf. Hypomoderne Budgetkürzungen. Sargnägel der Kunst. Die Kultur im Lande. Sie stirbt. Andernorts wiederum boomen Kunstnägel. Kunststudium kontra Nagelstudio. Glanz und Glamour vergangener Tage. Die fetten Jahre sind vorbei. Düstere Aussichten. Ins künstlerische Licht rücken. Die heimischen Talente. Rohdiamanten. Jung und aufstrebend. Nicht nur beim Rohöl die Fördermengen erhöhen. Mehr Scheine statt Schein. Doch längst auf Sparefroh umgemünzt. Künstlerischer Aderlass. Scheinbar müssen Kunstschaffende erst sterben, um zu leben. Alfred wird weiterhin künstlich am Leben erhalten.

Armer Alfred. Dabei ist sein lyrisches Trauma vom letzten Wochenende noch so gegenwärtig. Wird es wohl auch noch länger bleiben. Angela wieder mal. Samstagabend war's. Eigentlich Fernsehabend. Wie jeden Samstagabend. Wie jeden Abend. Bei Alfred. Doch sie mussten unbedingt hin. Zu dieser Lesung im Café Raimund. „Jeder geht da hin", hat Angela noch schnippisch gesagt, als Alfred versuchte, zu verweigern. „Die Vera König liest dort." „Vera wer?" „Na, die Vera König. Die mit dem Blasmusikpop. Die kennst du doch." „Nie gehört", erwiderte Alfred. „Michael Jackson, den King of Pop. Und den Volksrock'n'roller, die kenn' ich. Und den Roland Kaiser auch. Aber Vera König. Welches Instrument spielt die denn?" „Wie? Spielen? Die schreibt." „Was? Liedtexte?" „Nein, sie liest. Aus ihrem ersten Buch." Die Diskussion, sofern man dieses hickhackige Hin und Her als solche bezeichnen kann, ging noch lange weiter. Ihr Ausgang. Vergangenen Samstag saßen sie dann da. Nein, dort. Drüben im Café Raimund. Zu siebent. Immerhin exklusive der Lesenden. Angela. Alfred. Drei nahe Angehörige. Vermutlich Vater, Mutter, Schwester. Der Joschi. Stammgast im Raimund. Und die Kellnerin. Und dann. Dann legte die los. Diese Vera. Pünktlichst um 19:00 Uhr. Unbeeindruckt von den Zuhörermassen. Kurze Vorstellung. Dann Lyrik.

Mutter Erde

Trüb gefischt die salz'gen Meere,
von Plastikfasern überschwemmt.
Gepoltes Eis vor Schmelze feucht,
fein verstaubt der Städte Kern.
Ihr Dunst sich stet verdichtet.

Ja, genau, verdichtet. Das hast du dich wohl auch, du Heißluftschleuder, dachte sich Alfred, redlich bemüht, seine Contenance zu bewahren. Nicht nur die Texte als solche, auch ihre eigenwillige Vortragsweise verstörten Alfred zusehends.

Des Erdballs Drehzahl neigt zu Ende,
achsverschoben taumelt sie.
Ausgebeutet Mutter Erde,
ihres Schoßes Wärme fehlt.
Am Südpol dreist die Hitze sticht.

Bei Shakespeare und Schüttelbrot, es reimt sich nicht. Geh'n oder nicht geh'n? Das ist hier die Frage. Lange hält er das nicht mehr aus. Alfred begann, unruhig auf seinem unbequemen Sessel hin und her zu wetzen. Angela stieß ihn immer wieder an. Nach dem ersten Gedicht – der Applaus fiel verhalten aus – konnte es sich Angela nicht mehr verhalten, auch wenn es ihr noch so peinlich war. Sie beugte sich zu Alfred hin und flüsterte ihm ins Ohr: „Jetzt fällt's mir ein! Verwechselt. Ich hab' die doch glatt verwechselt mit der Vea Kaiser. Kein Blasmusikpop. Vera König. Tut mir echt leid." Anstandshalber blieben Angela und Alfred bis zum Schluss der Lesung. Eine gemeinsame Fluchtmöglichkeit in der Pause bot sich nicht. Denn eine Pause. Die gab es nicht. Stattdessen geballte Lyrik. Ganze 57 Minuten und 14 Sekunden.

Die Kleinkunst großer Bühnen.

Letzte Woche. Im Theater. Stadttheater Klagenfurt. „Der Kirschgarten" von Anton Tschechow. Halbleer der Saal. „Erster Akt: Der Kirschgarten muss vielleicht verkauft werden. Zweiter Akt: Der Kirschgarten wird verkauft werden. Dritter Akt: Der Kirschgarten ist verkauft. Vierter Akt: Der Kirschgarten ist verkauft worden. Der Rest: Das Leben." Ein Zitat von Jean-Louis Barrault aus dem Programmheft. Und mittendrin. Der Alfred. Eigentlich nur dabei. Am Rockzipfel von der Angela. Sie zerrt ihn einfach überall hin mit. „Ein bissel Kultur hat noch keinem geschadet." Das Bühnenbild kirschbaumlos. Nicht einmal Kunstpflanzen. Die Inszenierung unfruchtbar. Eine bodenlose Frechheit. Das Stück als solches tragisch fad. Das Kunststück. Er hat durchgehalten. Der Alfred. Bis zum bitteren Ende. Obwohl. Die Pause. Erst nach fast zwei Stunden. Wahnsinn. Danach weitere zwanzig Minuten Spannungslosigkeit. Dann abruptes Ende. Wie aus dem Nichts. Lichter aus. Applaus an. Magerer Applaus. Von vereinzelten Buhrufen übertönt. Ein Kirschkernweitspucken aus den vordersten Reihen. Selbst das blieb aus. Obwohl. Gerechtfertigt wäre es gewesen. Der restliche Abend. Die folgenden Tage. Nicht gut Kirschen essen mit Alfred. Selbst Angela, sonst so offen für die Kunst und ihre zahlreichen Facetten, beinahe fassungslos. Die gesamte Aufführung ein Kunstraub. Gestohlene Zeit. Ganz abgesehen vom Eintritt. Der Intendant für kurze Zeit nicht mehr ihr „Mon Chérie". Verärgert über ihr Kunstschätzchen. Die letzten Stammgäste vergraulen. Doch Angelas Theaterabo. Auf Lebenszeit. Und Alfred. Mitgehangen, mitgefangen. Bis er fällt. Der letzte Vorhang. Dahinter. Auf der Bühne. Särge aus Kirschholz.

Alfred. Für immer gefangen in der Freiheit der Kunst?

Keineswegs. Nach den vielen Dilemmas der letzten Wochen – die Lamas waren schon zu Beginn fehl am Platz und die Mehrzahl lautet sicherlich Dilämmer – hat sich Alfred geschworen, sich in Zukunft mehr künstlerische Freizeiten zu erlauben. Das Harfenkonzert kommendes Wochenende ist für ihn jedenfalls ersatzlos gestrichen. Lieber daheim Unkraut zupfen. Aus dem Kunstrasen. Oder den Müll runterbringen. Aus dem Erdgeschoss. Scheißegal. Angela kann hoch- und weitspringen, wie sie will. Und auch wenn sie aus allen Klangwolken fällt. Hanna Hafner an der Harfe. Begleitet von Beate Beiler am Hackbrett. Ganz sicher ohne Alfred. Ein Brot mit Verhackertem zu Hause vorm Fernseher. Den heimischen Ballkünstlern auf die Beine schauen. „A Tupferl, a Gaberl, a Scheiberl, a Goal!" Das ist Balsam auf Alfreds Seele. Bis auf Weiteres braucht er keine Operrationen am offenen Kunstherzen mehr. Bei aller Liebe zu Angela. Die letzten

Wochen gingen auf kein Kunstleder mehr.

Und wieder einer weniger, der hingeht.

DER UNMUT ZUR GEDÄCHTNISLÜCKE ODER WAS ICH NOCH SCHNELL WOLLTE, BEVOR ICH…

Verlieben. Verloren. Vergessen. Verzeihen wird mir das wohl niemand, dass ich mich schon wieder von dieser petryheilen Schlagerwelt verführen lasse. Verdammt. Tiefe Abgründe tun sich auf. Ich höre die Leute schon fragen: „Hört er so was wirklich?" Ja, manchmal überkommt mich eine Atemlosigkeit. Ganz ohne körperliche Anstrengung. Besonders nachts. Verdammt, wäre ich glücklich, wenn mich diese liederlichen Gedanken nicht immer wieder heimsuchen würden. Nein, bitte nicht! Jetzt hat sich schon wieder einer dieser Ohrwürmer bei mir eingenistet. Hölle! Hölle! Hölle! Vergessen. Vergessen. Vergessen. Sonst bin ich doch auch so vergesslich. Es stimmt. Meine Vergesslichkeit lässt sich ganz und gar nicht dementieren. Schwerer Fall. Ich bin reif fürs Alzheim. Bin beinahe so vergesslich wie die Zeugen in Untersuchungsausschüssen. Die meisten von denen haben keinerlei Erinnerungsvermögen. Und das, obwohl es sogar steuerfrei wäre. Zu spät. Danke, Wolfgang. Herzlichen Dank! Geht das jetzt ewig so weiter? In meinem Kopf geht gar nichts mehr.

Rien ne va plus. Petry Dank! Verdammt. Gleich vergesse ich mich. So ist das nun mal, wenn zornige Egoisten unter Alzheimer leiden. Das Leiden des jungen Werthers. Goethe hat sich doch auch ganze Geschichten ausgedacht. Keine Wortfetzen. Keine verstümmelten Gedanken. Keine Geschichte zum Vergessen. Klar, als könnte man die Geschichte jemals vergessen. Wie denn? Wo einen doch ständig diese Dokusoaps in Schwarz-Weiß vom schnauzbärtigen Abgezwickten verfolgen. Der reinste Verfolgungswahn. Ja, den hatte der. Sehr ausgeprägt sogar. Eindeutig. Verkappter Künstler. Musste ja so kommen. Schlechter Vergleich. Ein sehr schlechter Vergleich. Aber gegen den Führer ist der deutsche Schlager richtig harmlos. Was wird das jetzt? Eine Aneinanderreihung der schrecklichsten Verbrechen an der Menschheit? Das kann's doch nicht sein. Was kommt als Nächstes? Warum fallen ausgerechnet mir immer so schlimme Sachen ein? Warum mache ich mir überhaupt Gedanken über deutsches Liedgut? Wenn ich mir schon den Kopf über Musik zerbreche, dann doch bitte schön über schöne Musik. Und wenn schon über Kriege, dann doch bitte schön über schöne...

So ein Blödsinn! Schöne Musik. Wolke vier bis sieben. Der Himmel voller Geigen. Gute Violinisten können aus dem Gedächtnis streichen, ohne zu vergessen. Kalorien sind keine Streicheleinheiten. Den Kalorienumfang merkt man an anderen Stellen. Warum schreibt man sich eigentlich Merksätze auf? Meine Gedanken werden merklich merkwürdiger. Das liegt wohl daran, dass ich immer wieder vergesse, worüber ich ursprünglich nachdenken wollte. Was war das noch? Merkel mit Z? Merkzettel. Wollte ich darüber nachdenken? Das funktioniert doch nur phonetisch. Abgesehen davon könnte es auch Merkelz heißen. Heißt halt nichts. Wer? Die Merkel? Nein. Die Merkel mit Z. Zerkel. Oh, nein. Was soll das jetzt? Zmerkel. Ach, Angie, du nervst. Mundwinkel nach unten. Gefällt mir gar nicht. Political correctness. À la Obama. Nicht wie der Hollande, der Putin und der Erdowahn. Sind das jetzt die Big Five? Schlechte Frauenquote. Hauptsache die Merkel. Die steht ihren Mann.

Wie bin ich nur auf die Politik gekommen? Das fragt sich so mancher Politiker wohl auch. Entsetzlich. Wie sich viele von denen aufführen. Jämmerlich. Wie manche von denen ihr gutes Benehmen zeitweise vergessen. Da hilft nicht einmal mehr eine Manierentransplantation. Schon wieder so ein schräger Gedanke. Verpflanzt sich da mir nichts, dir nichts rein in meine Gehirnwindungen. „Eines dürfen Sie nicht vergessen. So eine Brandherdplatte lässt sich nur sehr schwer aus Ihrer Erinnerung löschen", sagte der Therapeut. Ob eine Therapie möglicherweise helfen würde? Wer weiß? Wenn man Speisen zu würzen vergisst, schmecken sie dementsprechend. Also das geht nun wirklich nur schriftlich oder mit der richtigen Betonung. Vergessen. Dement. Sprechend. Gute Wortspiele gehen anders. Dieses hier steht auf verlorenem Posten. Die Braut steht alleine am Altar. Er hat den Hochzeitstag vergessen. Das darf doch nicht wahr sein! Gleich den nullten? Dumm gelaufen. Verliebt. Verlobt. Verloren. Vergessen. Zum Kotzen. Mir geht dieser dämliche Schlagertext einfach nicht mehr aus dem Kopf. Verdammt noch mal. Verdammt, ich lieb' dich. Ich lieb' dich nicht. So klingt das, wenn Matthias reimt. Verdammt, ich brauch' dich. Aufhören! Ich brauch' das nicht. Braucht doch niemand. Aber irgendjemand muss doch einmal auf diese Sprachgewalt in deutschen Schlagern hinweisen.

Unvergesslich etwa auch Freddy Quinn. Nicht der Mercury. Der mit der Gitarre und dem Mehr. Mit seinem Auslöschlied „Du musst alles vergessen, was du einst besessen". Wie ein Besessener hat der Freddy das Ayayayay rausgeträllert. Aber das ist längst Geschichte. Dünne Substanz. Rein textlich. Was sich Schlagerfuzzis wohl sonst so für Substanzen reinziehen? Und dann vergessen die, dass sie im ersten Stock sind. Krasser Sprung. Meine Gedanken springen. Mein Kopf zerspringt auch gleich. Aber der Freddy doch nicht. Kein junger Hüpfer mehr. Immerhin lebt er noch. Glaub' ich zumindest. Schnell mal googeln. Oh ja, Freddy lebt. Junge, komm bald wieder! Du darfst nicht vergessen, auch wir sind besessen. Von dir. Verrückt nach deinen Liedern. God save the Quinn.

Auch andere Kapazunder des deutschen Leidwesens... verdrehte Gedanken... natürlich des deutschen Liedwesens... reihen sich in die Liste der vergesslichen Schlager ein. Während Caterina Valente beteuert „Dich werd' ich nie vergessen", hat Michelle es mit „Ich hab' dich nie vergessen" schon hinter sich gebracht. Andy Borg singt wiederum „Weil ich dich nie vergessen kann". Der kann aber auch rein gar nichts. Yvonne Catterfeld hat es offensichtlich am ärgsten von allen erwischt, wenn sie sich erbittet „Erinner mich, dich zu vergessen". Drafi Deutschers Demenzballade „Hast du alles vergessen?" geht sentimental ebenso unter die Haut wie textlich ins Auge. Vertraut wirkt hingegen Helene Fischer mit ihrem Wolfgang-Petry-Verschnitt „Vergeben, vergessen und wieder vertrau'n". Punknudel Nina Hagen stellt die heutige Jugend mit ihrem Titel „Du hast den Farbfilm vergessen" vor ein Rätsel. Sicherlich habe ich jetzt viele Anwärterinnen und Anwärter auf den vergesslichsten deutschen Schlager vergessen. Ich werde weitersuchen. Ach ja, Schlager. Freddy Quinn. Das war's. Ich bin mir nicht mehr sicher. Lebt der noch? Schnell mal googeln. Oh ja, Freddy lebt.

Freddy Quinn. Geboren 1931. Wie die Oma. In Wien. Da schau her. Als Franz Eugen Helmuth Manfred Nidl. Mit einer Gitarre in der Hand. Kein Kreuzerl dabei. Lebt also noch. In Hamburg. Aber Moment! Was ist das? Beim Dahingoogeln nach einem Lebenszeichen vom Freddy stolpere ich doch glatt über einen Artikel zum Thema „Mit Schlagern gegen das Vergessen". Was soll das? Die Ohrwürmer merk' ich mir sowieso alle. So wie den da von der Dings. Von der... na, die mit dem... ach, egal. Ach so, da geht's um Musiktherapie. Im konkreten Fall setzt die Musiktherapie auf das emotionale Gedächtnis. Unsubstanzielle Unterbewusstseinserweiterung. Dort hat sich die Musik aus der Jugendzeit fest eingegraben, verbunden mit Erinnerungen an glückliche oder traurige Erlebnisse. An die unerfüllte Liebe oder an den ersten Kuss. Man beachte die Zuordnung zu glücklich oder traurig. Erklingen die alten Schlager und Melodien, helfen sie dem Gedächtnis auf die Sprünge. Da werden die Jumps gesetzt. Vergessen geglaubte Schlagertexte sprudeln aus dem Gedächtnis hervor. Melodien sind plötzlich wieder präsent und mit ihnen die Erinnerungen an weit zurückliegende Erfahrungen. Mit den Erinnerungen kehren dann nicht selten auch die Worte zurück. Oh, wie schrecklich! Warum Schlager um alles in der Welt? Das ist die Frage aller Fragen.

Jetzt dreht die Welt sich nur um dich. Und um mich. Alles dreht sich im Kreis. Immer und immer wieder. Verdammt. Es geht mir nicht aus dem Ohr. Hat der Wolfgang Petry eigentlich wieder mal eine neue CD rausgebracht? Verdammt noch mal. Refresh statt Refrain. Verlieben. Vergessen. Vergebens. Immer wieder. Verloren. Versunken. Verdammt, ich hass' es. Schicksalsmelodie. Da capo al fine.

DER ZWETSCHKENRÖSTER

Der Zwetschkenröster ist ein kerniger Typ. Er pflaumt einfach jeden an. Den meisten ist das allerdings ziemlich Powidl. Tief im Innersten verläuft das Zwetschkenrösterdasein zunächst in voller Härte, doch trotz fortgeschrittener Reife werden manche an der Birne oft nicht ganz röstfrisch. Nach längerer Ausübung ihres Berufs dörren Zwetschkenröster zusehends aus. Wird ihnen in dieser Situation anstelle eines Glases ein Spiegel vorgehalten, verlieren sie rasch auch noch den Rest ihres ausgetrockneten Humors. Vielen ist mit der Zeit gar ein saft- und kraftloses Burn-out beschieden. Überhaupt sind Zwetschkenröster schnell gekränkt, wenn ihnen ihre Kernkompetenz abgesprochen wird. Dennoch gelingt es einigen Exemplaren der Gattung Zwetschkenröster, den Geschmack der Masse zu treffen, ohne dabei zum Schmarren gehalten zu werden. Eine Artverwandtschaft mit dem gefährlichen Süßholzraspler wird dem gemeinen Zwetschkenröster nachgesagt, konnte bislang jedoch wissenschaftlich nicht bestätigt werden. Der Zwetschkenröster wird vielmehr als harmlos und durchaus paarungswillig charakterisiert.

Das Ansehen des Berufsstands der Zwetschkenröster in der Gesellschaft ist mit jenem von Polizisten gleichzusetzen, heißt es doch landläufig auch mein lieber Freund und Zwetschkenröster. Bei Festbanketten trifft man den Zwetschkenröster stets in Schale geworfen an. Völlig überarbeitet wirkt er dabei oft ziemlich matsch. An der Seite von anderen gibt er sich meist zurückhaltend, macht sich jedoch zum gegebenen Zeitpunkt recht markant bemerkbar. Ein loderndes Strohfeuer anstatt der üblichen Rösttemperatur wäre ein bitteres Schicksal. Das würde dem armen Zwetschkenröster schwere Verbrennungen zufügen und ihn für seine Mitmenschen gänzlich ungenießbar machen. Bei nachfolgenden Reklamationen könnte er sich selbstverständlich auf den Brand berufen, ohne gleich gefeuert zu werden.

Alles in allem ist Zwetschkenröster ein Beruf, der einem das Leben versüßt und von jedem ausgeübt werden kann, sofern man nicht einen gewaltigen Schatten an der Marille hat.

EIN WOCHENENDE IN PINK

„Kind, du störst! Dieses Wochenende mache ich pink", verkündet der gerichtlich befürsorgte Alleinerzieher und widmet sich seinem Weekend. Kurz überlegt Rosalinde, ob ihr Vater ihr damit womöglich sagen will, dass er sich nach der Trennung von ihrer Mutter nun gleichgeschlechtlich orientiert, verwirft diesen Gedanken jedoch rasch wieder und verschwindet schulterzuckend in ihrem Zimmer. Robert setzt indessen seine selbst auferlegte Farbtherapie fort, nachdem ihm vor Kurzem im Gespräch mit einer bekannten Guten bewusst geworden ist, dass er Rosa nicht von Pink, Lachsfarben nicht von Flamingo und Flieder nicht von Violett unterscheiden kann. Zumindest ist er sich dank Milka sicher, welche Farbe die Kühe haben, aber damit gibt er sich nicht zufrieden. Dass er ein weitverbreitetes Männerschicksal teilt, das will er einfach nicht hinnehmen. Und so hat er vor ein paar Wochen damit begonnen, sein Auge zu schulen. Akribisch durchforstet er seither sämtliche Zeitschriften und Postwurfsendungen dahin gehend, dass er sich zunächst eine Farbe auf der Pantone-Farbpalette einprägt und dann in den Druckwerken gezielt danach sucht. Im Fall des Weekend-Magazins ist es diesmal Pantone Hot Pink 17-1937 TCX.

Konzentriert blättert Robert durch das Gratisblatt. Seite 7. „Erben statt arbeiten". Ein Stapel mit 500-Euro-Scheinen ist abgebildet. Sind die pink? Früher war das einfacher beim Schilling, da war der Tausender eindeutig ein Blauer, aber ein pinker 500er? Das 100er-Packerl ist grün, unumstritten. Aber die 500er? Nein, kein reines Pink, höchstens Spuren davon. Robert blättert weiter. Heiraten oder nicht? Das steht zwar in Schwarz und Rot da, ausblenden kann er es aber nicht, nach der Enttäuschung mit Elvira. Doch jetzt bloß nicht an sie denken. Weiter mit der Farbtherapie. Seite 18. Power-Patschen, Wunder-Weste und Retro-Rock, nichts davon in Pink. Blau, rot und beige. Bravo! Auf den ersten Blick erkannt. Es kann so einfach sein mit den Farben, den meisten, außer mit Pink. Aber davon ist weit und breit nichts zu sehen. Seite 22. Bergsommer am Goldeck. Ein kurzer Hoffnungsschimmer flackert in Robert auf. Ein Foto von Almrausch, darunter der Text: „Der Almrausch – Teil der farbenfrohen Flora am Goldeck". Von wegen farbenfroh. Ist das nun Pink oder nicht? Und überhaupt, warum ist Almrausch nicht blau? Und ist Edelweiß weißer als Weiß? Einerlei, jedenfalls zu dunkel für Hot Pink. Verunsichert blättert Robert um. Schon wieder ein Packerl mit 500ern auf Seite 24 zum Thema „Geld stinkt nicht". Robert stinkt es allerdings langsam. Er begutachtet die Geldscheine diesmal noch genauer, kommt jedoch erneut zu dem Entschluss: Das ist kein Pink. Schon gar kein Hot Pink.

Kurz schweift sein Blick nach links unten. Wer wünscht sich eigentlich einen dominanten Partner? Robert liest neugierig in den Artikel rein. Bungee-Jumper zum Beispiel. Nichts für Robert. Auch kein Pink im Foto auszumachen. Hautfarbe und Schwarz, mehr nicht. Er überspringt den restlichen Text. Seite 27. Ein Rezept für Pasta mit Räucherlachs. Nein, Lachs ist lachs, roh mehr orange, gegart eben lachs, eher noch altrosa, aber sicher nicht pink. Seite 36. Sieben Hausmittel gegen Sommergrippe. Zwiebel-Schmalz-Wickel helfen bei Erkältungen, Halsentzündungen und Bronchitis. Das Bild mit den Zwiebelringen verstört Robert. Das soll roter Zwiebel sein? Das geht doch sichtlich viel mehr ins Violette rein, Weinrot, eine Nuance Aubergine, eventuell Lila, aber mit Sicherheit kein Pink. Dann. Endlich. Seite 39. Eine haarige Angelegenheit. Der BIC Soleil Scent. Er verfügt über Qualitätsklingen mit Chromversiegelung, Aloe Vera und Vitamin E beruhigen die Haut, der ergonomische Griff liegt gut in der Hand. 4 Stück um 4,39 Euro beim Pink Bipa erhältlich. Die Freude bei Robert ist groß. Natürlich nicht über das phänomenale Angebot. Die Rasierer braucht er bestimmt nicht und Rosalinde ist noch zu jung für Damenbart und Beinbehaarung. Es ist die Freude darüber, endlich etwas Pinkes in der Zeitschrift gefunden zu haben. Und tatsächlich, der Gegencheck mit dem Pantone-Pink bestätigt es schwarz auf weiß. Der Damenrasierer ist aber so was von pink. Pinker geht nicht. Das wäre dann schon wieder Berry oder Magenta. Nein, das ist eindeutig Hot Pink 17-1937 TCX. Elvira kann Pink nicht ausstehen, aber den Rasierer könnte sie gut für ihre Haare auf den Zähnen brauchen, denkt sich Robert. Doch das mit ihr ist aus und vorbei. Ganz vorbei ist es mit dem Weekend dagegen noch nicht. Robert blättert um und um, doch bis zur letzten Seite kein weiteres Pink zu finden. Er legt die Zeitschrift mit einem Lächeln zur Seite und denkt sich: „Wie gut, dass der Damenrasierer erfunden wurde.“

Jetzt braucht er dringend einen starken Kaffee. Heiß und schwarz. Auch wenn Kaffee nicht schwarz ist. So viel weiß er bereits. Dazu ein Stück Panettone. Damit geht die Farbtherapie für Robert auch schon wieder weiter. Mit Pantone 14-1064 TCX Saffron. Wenn das mal nicht das Gelb vom Kuchen ist...

ZIMTSCHLEIERHAFT

Zu Fuß geht es durch einen Zimtwald. Doch nicht durch irgendeinen Zimtwald, denn weder wachsen Ceylon- noch Cassia-Zimtbäume in ihm. C wie Zimt. Und Cumarin. Von dem ist im billigen Analogzimt aus China jede Menge enthalten. Rainald schwört hingegen auf den „echten" Zimt. Jener Rainald, der dem Zimtwald seinen Namen gegeben hat und der heute seine Zimtlatschen trägt. Und genau dieser Rainald ist zurzeit voll auf Zimt. Darum auch die tägliche Wanderung durch seinen Zimtwald. Im Zimtwald vergeht die Zeit. Doch noch viel lieber als Zimtwald ringsum und Zimtlatschen an den Füßen hat Rainald Zimtmuffins. Leckere Zimtmuffins nach einem alten Rezept seiner Großmutter. Seine Oma hat natürlich noch Zimtküchlein gebacken, weil damals, da war das noch nicht, dass sich überall diese englischen Begriffe in die schöne deutsche Sprache eingenistet haben. Und beim Opa, da hat sowieso alles rein arisch sein müssen, so wie sein werter Nachname. Krakauer. So eine Verwurstelung von Deutsch und Englisch, die hätte der Opa niemals gewollt. Und auch den Running Gag nach dem Krieg über seinen Familiennamen fand der Opa ganz und gar nicht witzig: „Krakauer? Nein, danke! Ich hätt' bitte lieber fünfzehn Deka von der Polnischen." Schon lange tot, der Opa. Die Oma auch. Um die tut's dem Rainald leid. Die Zimtmuffins, die bäckt der Rainald nicht mit Leidenschaft, er lässt sie backen, von seiner Mutter. Dafür verputzt er sie mit umso mehr Genuss, wann immer es welche gibt, auf seiner Lieblingslichtung am großen Stein im Zimtwald.

„In die Eierbox passen nur Muffins in Blumenbackförmchen", hat ihm seine Mutter heute noch nachgerufen, als er schon frühmorgens hastig das kleine Haus am Waldrand verließ. Rainald mag kein Tupper-Zeugs. Nur kein Plastik. Alles voll bio bei Rainald. Darum statt Jausensackerl oder gar Plastikdose besagte Eierbox. Und weil Muffins aus normal großen Muffinformen nun mal nicht in eine Eierbox passen, hat Mama ihm kleine Muffins in Blümchenform gebacken.

Rainald ist übrigens 34. Das heißt, übermorgen wird er 35. Doch in Mamas Kokon lebt es sich immer noch am besten oder wie Rainald es, gelegentlich darauf angesprochen, auszudrücken pflegt: „Die Komfortzone ist der natürliche Lebensraum des Gehemmten." Mit so einer Antwort rechnet bei Rainald niemand, deshalb hat er sich die einmal zurechtgelegt, weil da fragt dann auch keiner mehr genauer nach. Dass Rainald noch Single ist, braucht an dieser Stelle wohl nicht gesondert erwähnt zu werden. Ein komischer Kauz, dieser Rainald. Doch seit ein paar Tagen ist er wie ausgewechselt. Er ist verliebt, unsterblich und über beide abstehenden Ohren. Soeben ist er auf dem Weg durch seinen Zimtwald zu seiner Ach-so-frisch-Geliebten. Die Eierbox randvoll mit Zimtmuffins, nicht mehr nur für ihn allein, diesmal auch für sie.

Genau genommen müsste der Zimtwald Zimtspraywald heißen, denn kaum auf seiner Lieblingslichtung angelangt setzt Rainald dort am großen Stein unverkennbare Duftmarken. Zimtige Duftwölkchen versprüht er mit Begeisterung in der kühlen Frühlingsluft. Der Hauch von Zimt weckt vage Erinnerungen an seine frühe Kindheit, vor allem an die zahlreichen Picknicke mit Oma Ingvild, Opa Winrich, seiner Mutter Reinhilde und den legendären großmütterlichen Zimtküchlein auf besagter Lichtung. Abgesehen von ihrem himmlischen Gebäck hat Rainald allerdings nur wenig und davon auch nur das Beste von seiner Oma in Erinnerung. Sein Opa dagegen kommt in seinen Gedanken bloß als alter Grantenscherm vor, der sich an nichts erfreuen konnte, außer an seinen endlosen Geschichten vom Krieg. Nicht einmal die Zimtküchlein von der Oma haben ihm sonderlich gut geschmeckt. Gegessen hat er sie trotzdem. Und gar nicht wenige davon. Auch daran erinnert sich Rainald noch. Dafür hat er seinen Opa immer bewundert, wie er so viele von diesen zimtigen Köstlichkeiten hintereinander verdrücken konnte. Dass er gleichzeitig in so ein schmackhaftes Küchlein gebissen und im selben Atemzug vom Hunger und

Elend im Krieg erzählt hat, das ist dem Rainald, als er klein war, nicht aufgefallen. Auch heute denkt er sich dabei nichts. Er schwelgt, vom Zimtduft umnebelt, bloß in seinen Erinnerungen. Die seinerzeit vom alten Kriegsveteranen Obersturmbannführer Krakauer vorgetragenen Heldentaten mischen sich gelegentlich darunter. So war er eben, der Opa Winrich.

Da sitzt er dann, der Rainald, auf diesem großen Stein am flachen Hang auf der Lichtung, das Fläschchen Zimtspray stets griff- und stäubbereit, sollten die Bilder aus der Vergangenheit wieder verblassen. Wenn er dann auch noch seine selbst gebastelte Panflöte aus Zimtrinden aus seinem grindigen Jutebeutel hervorholt und einfach nur an ihr herumlutscht, anstatt ihr schöne Töne zu entlocken, dann denkt man sich schon, dass er im Gegensatz zur Lichtung bei Apoll nicht der Hellste ist. Doch das kümmert den Rainald nicht. Erstens kommt an der Lichtung ohnehin kaum jemand vorbei, der sich das denken könnte. Und zweitens wäre es ihm vollkommen egal, weil er es nicht mitbekommen würde, dort, wo er in diesen Augenblicken weilt. Heute bleibt allerdings keine Zeit für Zeitreisen, denn Rainald hat eine wichtigere Mission zu erfüllen. Gina wartet sicher schon.

Für gewöhnlich sitzt Rainald stundenlang auf diesem großen Stein auf der Lichtung. Als kleinen Bub hat ihn seine Mutter immer auf den Felsbrocken gehoben. Er hat sich dann auf seine Zehenspitzen gestellt und die Nase ganz weit nach oben gestreckt. Beinahe so groß wie seine Mutter war er dann. Das hat er immer abgemessen, indem er zunächst seine flache Hand auf seinen Kopf gelegt und danach mit einer leichten Aufwärtsbewegung die Hand Richtung Kopf seiner Mutter ausgestreckt hat, um mitten auf ihrer Stirn zu landen. Gelacht hat er in diesen erhebenden Momenten immer ganz laut, der Rainald, und seine Mutter hat dann zu ihm gesagt: „Wenn du erst einmal groß bist, dann werden dir viele Steine im Weg liegen." Damals hat er sich darüber gefreut und gehofft, später einmal auf möglichst viele Steine und Felsen klettern zu können. Heute erahnt er, was seine Mutter ihm damit sagen wollte, wirklich verstanden hat er es aber noch immer nicht. Dazu sind Rainalds geistige Fähigkeiten zu sehr zurückgeblieben. Mit dem Zimtspray auf der Lichtung im Zimtwald sorgt er zumindest immer wieder selbst für kleine Lichtblicke in seinem ansonsten so ereignislosen Alltag. Meist haben diese mit Kindheitserinnerungen zu tun. So praktiziert er das früher mit seiner Mutter so lieb gewonnene Abmessen auch heute noch, pubertätsgeprägt jedoch an anderen Stellen und alleine. Außer damals mit 14, gemeinsam mit dem Franzi, dem Nachbarsbub drüben von den Bachlers. Da ist das zum reinsten Wettkampf ausgeartet, wie die zwei ihre Wachstumsschübe in Bezug auf ihre werdende Männlichkeit Tag für Tag mit dem Geodreieck vermessen, verglichen und fein säuberlich aufnotiert haben. Da hat sich der Rainald immer wie ein Hutschpferd gefreut, wenn er die Tageswertung für sich entscheiden konnte. Heute gibt es keine Messprotokolle mehr und mit dem Franzi hat er auch keinen Kontakt mehr. Der ist weggezogen nach der Hauptschule, die damals noch direkt an die Sonderschule angrenzte. Manchmal, da denkt der Rainald an ihn und fragt sich, ob der Franzi heute wohl auch immer noch so oft onaniert wie er selbst. Aber der Rainald steckt nicht nur in Sachen Sexualität noch mitten in der Pubertät, auch seine geistige Entwicklung hängt der körperlichen meilenweit nach. In guten Momenten, wenn er ordentlich Hand anlegt, bringt er es immerhin auch ohne Konkurrenzdruck vom Franzi ganz allein von sechs auf 16 Zentimeter in wenigen Sekunden. Geistig bleiben ihm so große Sprünge indessen vorenthalten. In Rainalds Hose regt sich was. Ungewohnt, so ganz ohne Hände. „Mein Gott, die Gina! Hoffentlich wartet sie auf mich."

Bis hin zum Waldesrand muss er, um seine Gina wiederzutreffen. Der Umstand, sich gedanklich plötzlich mit der holden Weiblichkeit auseinandersetzen zu sollenwollenmüssen, hat in Rainalds spärlich genutzten Gehirnarealen bislang noch keinen rechten Platz gefunden. Doch immer wieder drängen sich zwischen seine nostalgisch-hinterwäldlerischen Kindheitserinnerungen vereinzelte Gedanken an seine Gina. Bisher kannte Rainald nur eine Gina und die auch nur aus diversen Videos. Das heißt, von der Gina Lollobrigida, von der hat er wohl auch schon gehört, aber bei Weitem noch nicht so viel gesehen wie von der anderen. Nicht nur mengenmäßig, weil die andere Gina, die Gina Wild, die gibt sich in ihren Filmen freilich um einiges freizügiger als diese alternde italienische Diva. Und nachdem es dem Rainald ohnehin schwerfällt, der

Handlung von Filmen zu folgen, sind ihm kurze, eindeutige Sequenzen ohne viel Gequatsche tausendmal lieber als „Der Glöckner von Notre Dame". Zwar war auch die Lollobrigida einmal ein echtes Sexsymbol, wenn er den Erzählungen seines Opas Glauben schenken kann, aber mittlerweile hat die auch schon ein paar Jährchen auf dem Buckel. Die Gina Wild, die ist mit Abstand Rainalds Liebling in Sachen Pornos. Auch wenn sie sich heute in keinen Filmen mehr dreht und windet, bei Rainald dreht sich in puncto Sex alles um Gina. Bei ihr bekommt er feuchte Hände. Er würde weiß Gott was dafür geben, tausendundeine Nacht mit ihr verbringen und sich an ihr reiben zu dürfen. Ach was, eine einzige Nacht mit ihr, das wäre für Rainald schon aufreibend genug und wie im Märchen.

An ihren Lippen ist er gehangen, der Rainald, wenn ihm seine Mutter früher Märchen vorlas. Nicht Schneewittchen, nicht Hänsel und Gretel, auch nicht der Gestiefelte Kater, es war die grimmige Alte aus „Jorinde und Joringel", die den kleinen Rainald einst bezauberte, weil die nämlich Jungfrauen vögelte. Zumindest sagte Rainald so dazu, ohne zu wissen, was es bedeutete, denn die Alte hatte die Macht, Jungfrauen in Vögel zu verzaubern und diese dann in Käfige zu sperren. Unters Gefieder ging sie ihnen jedoch nicht. Sich selbst verwandelte die Alte tagsüber in eine Katze oder eine Eule und alle bereits entjungferten Menschen, die ihrem Schloss zu nahe kamen, die endeten als Steine. Wenn Rainald auf seinem großen Stein auf der Lichtung sitzt, fragt er sich auch heute noch oft, auf wessen breitem Rücken er dort wohl sitzt. Ja, der Rainald, er hat halt nun mal nicht den Stein der Weisen mit dem Löffel gegessen. „Joringel biss gerade genüsslich in sein Nuts, als Jorinde von der Alten gevögelt wurde." Sein Lieblingssatz. Es war wirklich wie im Märchen, wenn Rainald abends diese Geschichte hörte und er sie in seiner kindlich-naiven Art für sich interpretierte. Dennoch, sowohl dem Original als auch Rainalds Version blieb eine Nominierung für den Grimme-Preis stets verwehrt. Noch dazu erzählen beide von verbotener Käfighaltung. Dabei ist Rainald der reinste Naturbursch'. Am liebsten verbringt er jede freie Minute, und von denen hat er viele, viele, draußen in der Natur. Ihn einzusperren und hinter Schloss und Riegel zu bringen, das würde Rainald in kürzester Zeit ausrasten lassen. „Oh, mein Gott, das Schloss, der Stein, die Nachtigall, Jorinde, Joringel, Nuts, Riegel, Schloss, Riegel, Schloss. Sie liebt mich, sie liebt mich nicht, sie liebt mich, sie liebt mich nicht..." Wenn er sich nicht entscheiden kann oder nicht weiterweiß, entblättert Rainald immer Gänseblümchen. Die wachsen auf der Lichtung wie Unkraut. Jetzt weiß er, sie liebt ihn. Und Gänseblümchen lügen nicht.

Ob Schleiereulen nach der Vogelhochzeit wohl ihren Schleier ablegen? Wer weiß? In Rainalds Vorstellung lieben Schleiereulen jedenfalls Zimtmuffins. Damit will er sie überraschen, seine Gina, und ihr Herz erobern. Ein muffiniertes Bürschchen, dieser Rainald. Hoch hinauf in die Wipfel der bodennah nadellosen Nadelbäume würde er für sie klettern, um sie ihr darzubringen. In mundgerechte Stückchen zerkleinern würde er die köstlichen Zimtmuffins und sie würde sie weg-schnabulieren bis auf den letzten Krümel. Ja, sie würde darauf fliegen, wie er auf sie. Und am Flügelaltar wür-de Gina dann ihren Schleier heben und sich euligst ihm zum Kusse hinwenden. Der Pfarrer Segensreich würde die Trauung zelebrieren, sich über das ungleiche Paar wohl wundern, ihrer unendlichen Liebe zueinander wegen jedoch seinen Sanctus dazu geben und die zwei vermählen. Denn was Gott vereint, soll der Mensch nicht trennen. Seine Eule über die Schwelle tragen würde er, nicht nach Athen, und sie in der Hochzeits-nacht richtig wild durchvögeln, bis sie sich zurück-verwandelt in die Alte, in seine Alte, seine geliebte Alte Gina.

Rainalds Fantasie geht zuweilen mit ihm durch. Doch diesmal scheint es ihm ernst, schließlich teilt er seine Zimtmuffins nicht mit jeder. In Stein gemeißelt und umherzt. G + R. Alle sollen sie es wissen heute. Gina, komm, come on, bitte. Du bist so krass. Los, wir müs-sen weg hier, raus aus dem Zimtwald. Verschmähst du mich? Wo bleibt dein Schuhu? Mich hat es betört und du lässt mich einfach steh'n. Zu viel Kot auf deinem Schnabel. Und ich hab' gesagt: „Du machst mich an." Ich komme. Ich komme, dich zu holen. Ich werde dich wohl finden. Niemand wird uns binden. Du bist ein Tier.

Rainald hölzelt. Das weiß jedoch kaum jemand, da er fast mit niemandem spricht. Ein Sprachfehler von klein auf, der ihn nie gestört hat und sie schon gar nicht. Ringlotte. Sie war ihm zugelaufen, dem Rainald, vor einigen Jahren, als er wieder einmal auf seinem Stein saß. Ihr langes semmelweißes Fell total zerzaust, ungepflegt, nur ein Auge, ziemlich verklebt, Auge und Fell, und leicht abgemagert. Wie eine Aussetzige sah sie aus. Rainalds Liebe zu Tieren, die jene zu Menschen in ihrem Ausmaß bei Weitem übertrifft, war es, mit der er das kleine Fellknäuel sofort in sein Herz schloss. Was Tiere angeht, da hat Rainald ein grünes Händchen. 30 war er damals gerade, „stoned" und in Gedanken verloren, als plötzlich diese Katze schnellen Schritts, ohne ihn, wie sonst bei Menschen üblich, skeptisch und schief anzuschauen, auf ihn zulief. Als er sie zu sich auf den Stein hob, begann sie, zu schnurren. Eine solch vorurteilsfreie und innige Begegnung berührte Rainald, denn Menschen, die auf ihn zukamen, bogen sonst oft schon vor dem ersten Händedruck wieder ab, geschweige denn, dass sich einer oder eine von ihnen an ihn geschmiegt hätte. Der Katze war sein Äußeres egal und seine geistigen Defizite blieben ihr verborgen. Rainald war ein hervorragender Streichler und Krauler, das genügte Ringlotte in dem Moment vollkommen. In ihrem ständig stärker werdenden Schnurren fanden sich beide darin bestätigt, einander gefunden zu haben und zueinander zu gehören. Trotz anfänglichem Widerstand von Rainalds Mutter lebte Ringlotte seitdem bei Rainald. Und wenn sie nicht gestorben sind... Nein, kein Märchen. Sie sind glücklich. Es geht beiden gut. Rainald den Umständen entsprechend, Ringlotte mittlerweile wohlgenährt, mit samtseidigem Fell. Es war sicher kein Zufall, sondern bestimmt Bestimmung, dass sie ihr Auge damals auf Rainald geworfen hat.

Ob in traumhaft wilder Ehe mit seiner fiktiven Eulendame Gina zu leben oder in real trauter Zweisamkeit mit seiner einfühlsamen Katze Ringlotte unzählige Kuschelstunden zu verbringen, Rainald lebt in seiner eigenen Welt, so wie es ihm gefällt. Völlig unbeschwert lebt er in die Tage hinein, ganz ohne Verpflichtungen. Gut, ganz ohne geht's nun auch wieder nicht. Morgen ist Sonntag. Kein stinknormaler Sonntag. Es ist Muttertag. Da lädt der Rainald seine Mutter wie jedes Jahr zu einem Ausflug in den Wildpark Rosegg ein. Diesmal, da wird er ihr noch dazu von seiner großen Liebe erzählen, für die er alles tun würde. Verlassen würde er sie, seine Mutter, für sie und das würde ihr das Herz brechen. Keine leichte Entscheidung für Rainald, kann er doch zwischen Realität und Fiktion nicht wirklich unterscheiden. Mama hier, Gina dort. Da hilft kein Gänseblümchen. Dieses Mal muss er selbst eine Entscheidung treffen.

Newsflash: In den letzten Monaten ist die Zahl der vermissten Personen dramatisch angestiegen. Die jüngste Anzeige einer verzweifelten Mutter berichtet von einem weiteren tragischen Fall. Es handelt sich um ihren 35-jährigen Sohn, der zuletzt am vergangenen Sonntag, dem Muttertag, gesehen wurde. Die Mutter schließt die Möglichkeit aus, dass es sich dabei um ein Verbrechen handelt.

Nie wieder Zimtmuffins? Zu sehr würde er sie vermissen. Verzweifelt pflückt Rainald auf der Lichtung noch einen Strauß Gänseblümchen für seine Mutter. Die liebt sie und er liebt sie, ihre Zimtmuffins. Nur für sie würde er sterben.

GERÜHRT & VERFÜHRT

Ein Blick auf die Uhr. Schon spät. Ein Blick in ihre Augen. Schon geschehen. Um ihn. Nichts ist anziehender als die Verführung selbst. Doch im Moment. Vielmehr ausziehen. Mit seinen Augen. Entblößung. Schicht um Schicht. Bis zur beinahen Nacktheit. Was würde er dafür geben. Sich jetzt bloß keine Blöße geben. Das ist seine Chance. Selbes Hotel. Selbe Bar. Selbe Frau. Der dritte und letzte Abend. Morgen geht es weiter nach Paris. Je t'aime. Die Stadt der Liebe. Allerdings Geschäftsreise. Alleine. Heute Nacht. Alleine. Nicht auszudenken. Der Stand der Triebe: Geilheit pur. Schaut schon wieder zu ihm rüber. Dieses Luder. Fällt unter Verführung Volljähriger. Voulez-vous coucher avec moi ce soir? Sie nippt an ihrem Cocktail. Fast leer das Glas. Verlegen blättert er in der Cocktailkarte. Ladykiller. Nein. Virgin Slut. Sicher nicht. Sex on the Beach. Schon eher. Aber Innenstadthotel. Blow Job. Baileys und Wodka. Aber bitte mit Sahne. Im Vergleich zur Cocktailkarte der Hotelbar liest sich der Playboy wie ein Bussi-Bär-Heft. Wie auch immer. Der nächste geht auf ihn. Geht es nach Herbert.

Meine Herren, so ein Anfang verführt doch unweigerlich zum Weiterschreiben. Und wo Sie gerade so schön in Ihren Gedanken versunken sind, warum sollten Ihrer Fantasie augenblicklich Grenzen gesetzt werden? Außerdem heißt es doch „... verführe uns nicht in Versuchung". Und was wird Ihre Frau denken über Sie? Literatur soll anregen, inspirieren, stimulieren, sie soll aber ruhig auch mal gewisse Dinge einfach so stehen lassen. Jetzt nur nicht zweideutig denken, denn Sie sollen nun in eine ganz andere Genusswelt entführt werden. In eine, in der die Verführung eine besonders süße Rolle spielt. Eine, in die sich auch die Damen bestens hineinverkörpern können. Sie ahnen es schon? Richtig, meine Damen und Herren, es geht um Schokolade. Schließen Sie die Augen. Denken Sie intensiv und hemmungslos an Ihre ganz persönliche Lieblingsschokolade. Wie so ein Stückchen feinster Schokolade langsam auf Ihrer Zunge schmilzt und Ihren verwöhnten Gaumen erfreut. Schmecken Sie es? Spüren Sie es? Fühlen Sie es? Wie weit reicht Ihre Fantasie? Ist das Verführung für Sie? Vielleicht sitzen Sie aber immer noch an der Hotelbar und überlegen sich gerade einen unwiderstehlichen Anmachspruch. Oder sitzen etwa nur die Männer gedanklich an der Bar, während sich die Frauen Rippe für Rippe der Schokolade hingeben?

„Mit etwas Saiblingskaviar krönen." So stand es da letztens in diesem Rezept. Für Kärntner Lax'n auf

Spargelnudeln mit Bachkresse. Leider kein Patentrezept für die perfekte Verführung. Wobei, so ein feines Menü kann auch ziemlich verführerisch sein. Da kann man schon mal in die Gänge kommen. Finden Sie nicht? Essen ist ja bekanntlich die Erotik des Alters. Wenn man nichts mehr Anständiges zwischen die Finger bekommt, begnügt man sich offenbar damit, zumindest etwas Gescheites zwischen die Zähne zu kriegen. „Iss was G'scheit's!" „Jawohl, oh Käpt'n, mein Käpt'n." Kommt nun etwa ein Schwenk zu Gefriergemüse und Vollkornfischstäbchen? Nicht wirklich verführerisch dieser Gedanke. Obwohl, neu im Kühlregal: Gerührt & Verführt. Voll im Trend. Vielleicht doch besser wieder zur Erotik übergehen. Es heißt doch nicht umsonst „Sex sells". Ob sie darunter wohl heiße Dessous trägt? Welche Farbe die wohl haben? Schwarz würde gut zu ihr passen. Dunkelrot würde Herbert sich wünschen. In zartem Rosa kann er sie sich aber auch sehr gut vorstellen. Doch eigentlich völlig einerlei die Farbe, wenn sie ihn in scharfer Wäsche sinnlich verführt. Falls sie nach ihrem dritten Blow Job dazu noch in der Lage ist. Oder gerade dann? Herbert überlegt kurz, ob er nach drei Blow Jobs noch imstande wäre, eine Frau zu verführen, gibt allerdings schnell klein bei. Ob er sie doch lieber auf ein Mineralwasser einladen sollte? Immerhin auch prickelnd, eventuell sogar superprickelnd. Außer sie möchte ein stilles. Herbert sollte das Wasser besser lassen. Aufregend das Ganze. Sehr aufregend. Sicher muss er gleich zur Toilette. Ob sie wohl warten wird auf ihn? Zurückhaltend ist er nur beim Frauenansprechen, hingegen ganz und gar nicht, wenn seine Blase Alarm schlägt. Der Moment ist zwar mehr als ungünstig, aber besser jetzt als dann mittendrin.

Mächtig unerotisch diese Unannehmlichkeit, aber er muss. Es nützt nichts. Geschäft ist Geschäft, ob klein oder groß. Ein schneller Blick noch hin zu ihr, ein Zwinkern, nur von Herbert, und ab um die Ecke. Verdammt. Besetzt. Selbst gestandene Mannsbilder gehören heutzutage längst zu den Sitzpinklern. Kurzes Innehalten. Voulez-moi pissoir ce soir? Warum nicht? Auswärts darf gewissensbissfrei im Stehen gepinkelt werden. Pfeif auf die modernen Brunzipien. Herbert öffnet seinen Hosenstall. Plötzlich. Die Spülung. Er ist fertig. Die Tür geht auf. Schritte hinter ihm. Spontane Pinkelblockade bei Herbert. Jetzt steht er da. Bereit zum Ablass. Den Besetzer im Rücken. Doch kein Wasser. Weder zum Lassen noch hinter ihm. Wäscht sich das Ferkel etwa die Hände nicht? Unerhört. Was sagen Sie dazu? Kann das wirklich sein? Stimmt es also doch, dass Männer Schweine sind? In der Tat. Seine Schritte führen direkt zum Ausgang. Die Tür fällt ins Schloss. Endlich alleine. Der Stau löst sich. Der Damm bricht. Erleichterung kehrt ein. Ohnehin höchste Zeit, nach dem Austreten wieder in die Welt der Verführung einzutauchen. Herbert verstaut sein bestes Stück rasch wieder. Trotz gebotener Eile, ohne Händewaschen geht gar nicht. Herbert begibt sich zum Waschtisch. Die Lichtschrankenspiele sind eröffnet. Immer wieder eine Herausforderung diese unterschiedlichen Patente zur Fließwasseraktivierung auf Restauranttoiletten.

Vor. Zurück. Links. Rechts. Winken. Rauf. Runter. Trockene Angelegenheit. Herbert stellt sich äußerst ungeschickt an, während er sich immer noch fremdschämt für den fremden Mann, für den Hygiene ein Fremdwort zu sein scheint. Endlich zischt ein Wasserstrahl aus dem Hahn. Herberts nervöses Fuchteln lässt einen erklecklichen Teil des Wassers auf seine Anzughose spritzen. Na bravo. Feucht im Schritt. Was wird sie von ihm denken? Keine Papiertücher. Kein herkömmlicher Händetrockner, unter den er sich stellen könnte. Nur so ein doofer Airblade Ultra zum Händereinhalten. Kennen Sie diese Turbohandföhns? Trocken in wenigen Sekunden. Die Hände schon, doch wie soll Herberts Hose damit jemals wieder trocken werden? Gott sei Dank dunkel der Anzug, dunkel die Bar. Anzügliche Bemerkung am Rande. Feuchter Schritt. Schon wünschenswert. Aber doch nicht bei ihm. Herbert versucht, es zu verdrängen. Viel eher drängt sich ihm die Frage auf: Ist sie noch da? Zuvor hat es ihn gedrängt. Jetzt drängt die Zeit. Er muss zurück. An die Bar. Zu ihr.

Herbert fasst all seinen Mut. Er lässt sich nichts anmerken. Am Weg zur Bar. Ein erster Blick. Ihr entzückender Rücken. Sie ist noch da. Er lächelt erfreut. Doch was ist das? Ein Mann. Am Hocker neben ihr. Die beiden unterhalten sich. Herberts Blick schweift durch den Raum. Niemand da außer den beiden. Und dem Barkeeper. Das muss das Ferkel sein. So ein Schwein. Erst besetzt er die Toilette, dann wäscht er sich die Hände nicht und jetzt quatscht er seine Eroberung an.

Fehlt nur noch, dass er sie auch noch mit seinen schmutzigen Händen begrapscht. Herbert setzt sich wieder. Er bestellt einen Martini. Sie hat nur noch Augen für ihn. Nicht für Herbert. Für das Ferkel. Wenn die wüsste. Oder kennt sie ihn ohnehin? Turteln die öfter so? Sind die zwei gar ein Paar? Wo bleiben ihre verführerischen Blicke Richtung Herbert? War alles nur Einbildung? Die nasse Hose. Die hat niemand bemerkt. Herbert hätte auch nackt zurückkommen können. Die beiden hätten keine Notiz davon genommen. Dem Barkeeper wäre es vielleicht aufgefallen. Ach, egal. Die rechte Hand des Ferkels nähert sich dem hübschen Gesicht der Blondine. Nicht nur ihr Gesicht ist hübsch. Ihr ganzer Körper. Durchtrainiert und sexy. In diesem Kleid. Zum Anbeißen. Ganz im Gegensatz zu dem Ferkel. Schon auch sportlich der Typ. Elegant gekleidet. Stopp. Moment. Er wird sie doch jetzt nicht küssen.

Ganz schön geknickt der Herbert. Wie eine zerbrochene Schokolade. Feinripp versteht sich. Sie hat ihm doch so schöne Augen gemacht. Ihn angezwinkert. Warum jetzt er? Warum ausgerechnet das Ferkel? Von seinem Martini ist nur noch die Olive übrig. Herbert ordert rasch einen zweiten. Dem aufmerksamen Barkeeper ist Herberts Enttäuschung nicht entgangen. Er stellt ihm den Martini hin, schaut ihn an und warnt ihn leise: „Finger weg!" Herbert schaut den Barkeeper ungläubig an und fragt sich: „Wovon? Vom Alkohol? Was quasselt der da?" Immer noch hängt sein Blick an der verführerischen Blondine. Das Ferkel hat soeben seinen Arm um sie geschlungen. Der Barkeeper wieder zu Herbert: „Schauen Sie doch mal genau hin!" Herbert ist genervt und denkt sich nur: „Noch genauer? Ich starre sie ohnehin schon die ganze Zeit an. Halt die Klappe und mach deinen Job." Die nasse Hose, der aufdringliche Barkeeper, das Ferkel und das Biest. Eindeutig zu viel für Herbert. Dabei hatte er sich doch schon die geilsten Ferkeleien mit ihr ausgemalt. Wie sie ihn mit all ihren Reizen verführt und er sie dann nach allen Regeln der Kunst vernascht. Damit haben Sie doch auch gerechnet, oder? Klar, gehofft haben Sie darauf. Geben Sie es doch zu. Sie waren zumindest verführt, daran zu denken. Stimmt's? Doch die Verführung weicht der Verzweiflung. Herbert ist deprimiert. Mit Vernaschen wird wohl nichts. Wenn, dann höchstens eine überteuerte Schokolade aus der Minibar. Ganz alleine. Erneut beugt sich der Barkeeper zu ihm über die Theke, diesmal bis ganz nahe an sein Ohr, und flüstert: „Sie ist ein Mann." Herbert zuckt kurz zusammen, schaut den Barkeeper entsetzt an, verschüttet den Rest von seinem Martini und lässt das Glas fallen. Es klirrt. Die Blondine und das Ferkel schauen zu ihm, dann auf die Scherben am Boden, gleich darauf wieder zu Herbert. Dieser fängt sich und meint zum Barkeeper: „Scherben bringen Glück, in dem Fall trifft es jedoch ‚Schwein gehabt!' viel besser."

DAS WEDEKIND –
FRANKFREI NACH GERHARD BENIGNI

Eben war es noch Morgen. Über Nacht unverfrorenes Frühlingserwachen. **Mama braut uns wieder eine Limonade, und wir plaudern gemütlich über die Fortpflanzung.** Jede Menge Triebe. Lass mich an deinen Knospen knabbern. Es soll ein Junge werden. Sonst nennen wir sie Wendla, meinetwegen. Neu geboren. Unverbraucht. Und draußen. **Die Blümchen wären heut noch erfroren!**

Das Eis. Es schmilzt. Nein, es schmilzt nicht. Es ist inkontinent. Eiskaltes Eis. Tautologie. Es tropft. **Schon färbt sich die Platane wieder bunt.** Farbenfroh astral schimmernd. Und während die wuchtige Platane dem Himmel Luftraum abringt, müht sich zu eb'ner Erd' ein Krokusheer an die Oberfläche. Dazwischen braun in braun Hügellandschaften von ersten Blindversuchen ausgeschlafener Maulwürfe zeugend. **Wo**

Mama mit dem Tee nur bleibt!? 32 Jahre Lindenblütentee. Mich fröstelt es trotz Flanellpyjama. Sicher lüftet sie drüben wieder die Märzluft herein. Ständig lüftet sie. Aber wann lüftet sie endlich ihr Geheimnis? Verschwiegenheitsschwanger läuft sie umher. Kein Sterbenswörtchen. **Lebt dieser Heinrich noch?** Dieser Warmduscher. Ist er mein Vater? Ich durfte ihn nie kennenlernen, diesen Heinrich. Mein linker Lungenflügel hat Schlagseite. Atemschmerz im Brustbereich. Doch kein Mitleid. Sie lüftet. Wo bleibt mein Tee? Ekelfaktor versus Kälteschock. Lindenblütentee, mir graut vor dir. Schüttelfrostattacke. All das lässt sie kalt. Frischluft muss sein. So sind nun mal Mütter.

Draußen laben sich ringsum Meisen an Restschalen. Piep! Der digitale Fiebermesser hat genug. 39,2 Grad Celsius trotz gefühlter Frostbeulen. Dennoch, Tendenz fallend. Gestern Abend waren es noch knapp 40. Muss wohl am Lüften liegen. Ach was, im Grunde ist mir gar nicht zum Scherzen zumute. **Mich lüstet's nicht, über mich zu lachen.** Mitleid könnte ich jetzt gebrauchen. Ganz viel sogar. Draußen zieht der Frühling ins Land. Und ich quarantäne hier im Bett herum. Ummuttert mit Lindenblütentee und Essigpatscherln. Aceto Balsamico an den Füßen. Nein, danke! Früher, da hat sie mir eingebläut, nicht mit dem Essen zu spielen. Ich brauch' das Zeug nicht. Von mir aus auf dem Salat, aber doch nicht auf den Füßen.

Ach, wie gerne würde ich Frühling schauen. Nicht durchs Fenster. Draußen im Garten, in den Straßen, im

Park. **Himmel-Herrgott-Teufel-Donnerwetter, während des Frühstücks und den Weg entlang habe ich konjugiert, daß mir grün vor den Augen wurde.** Was habe ich? Konjugiert? Wie das? Und überhaupt, welchen Weg entlang? Dieses Fieber treibt mich noch in den Wahnsinn. Warm ums Herz? Nein, der ganze Körper erhitzt, nicht nur Teile der Innereien. Keine Zeit für Frühlingsgefühle. Überhitzt bin ich. Kein glühender Verehrer. Ein Fieberpatient, bettlägerig, äußerst schwach die Glieder. Und mulmig ist's mir, ganz ohne Schmetterlinge im Bauch. Es ist zum Kotzen, dabei hatte ich mich doch schon so auf meinen 32. Frühling gefreut.

Ja, ich bin ein Frühlingsfreund, ein Primeltyp, ein Krokusfetischist, ein gräserner Mensch. **Der Nebel zerrinnt. Das Leben ist Geschmackssache.** Das ist Frühling. Kein morgendlich hartnäckiger Bodennebel, kein Frühtau zu Berge. Das erste Kitzeln der Sonnenstrahlen frühmorgens im Bett. Wenn es so richtig in der Nase kribbelt. Das ist es, was das Leben lebenswert macht. Hatschi! Wenn die Natur erbuntet, zarte Blümchen durch die Halme ranken. Rasant beflecktes Wiesengrün. Wenn die Allergiker frohjauchzend ihr getrübtes Auge auf die treibenden Kräfte des Astwerks der gemeinen Birke werfen. Gott sei Dank bin ich davon verschont, mir reicht ohnehin schon dieser grippale Defekt. **Ich möchte hinaus, im Abendschein über die Wiesen gehen, Himmelsschlüssel suchen den Fluß entlang und mich ans Ufer setzen und träumen.** Doch bin ich zu schwach, meine Füße würden mich nicht tragen. In ein versiegendes Bächlein würd' ich stürzen, bei meinem Pech, und in Bauchlage jäh ertrinken. Es würde mich kaltlassen, dass die ersten Eissalons ihre Pforten bereits wieder geöffnet haben. Goji-Beere-Estragon und Fenchel mit crashed Himalaja-Salz, eindeutig die beiden Renner der Saison, sie würden spurlos an mir vorübergehen. Auch mit Stracciatella-Eis könnte ich mich nicht mehr bekleckern. Schade eigentlich, dass einen das Ertrinken in so einer Schmelzpfütze so endgültig aus dem blühenden Leben reißt.

Kurze Haare tragen wie du darf ich nicht, das Haar offen tragen wie Wendla darf ich nicht, Ponyhaare tragen darf ich nicht, und zu Hause muß ich mir gar die Frisur machen. Auch darüber müsste ich mir keine Gedanken mehr machen, zerzaust in diesem kalten Nass dahinleichend. Dass die Nachbarskatz' wieder rollig wird und ihr alsbald süße Frühlingskätzchen entschlüpfen, das entginge mir ebenso wie wild wuchernde Palmkätzchen, in ihrer Samtheit von Kinderhand unter argusaugender Beobachtung elterlicher Bezugspersonen zu Buschen gebunden. „Sehr schön hast du das gemacht, Marie-Theres!" Furchtbar ist er, dieser verunglückte Palmbuschen, sonst gar nichts. Die verfärbten Eier, die ihn zieren, verleihen ihm seine unwiderrufliche Hässlichkeit. Eltern sehen das jedoch anders.

Auch die blasspinke Gartengarnitur der Nachbarn auf der anderen Seite würde mein sonnengeblendetes Auge nicht mehr erfreuen. Dabei war es immer so lustig, anzusehen, wenn der alte Schimanek den massiven Tisch und die sperrigen Stühle gemeinsam mit seiner Frau aus der baufälligen Holzhütte geholt hat und die beiden wie jedes Jahr darüber diskutiert, vielmehr heftig gestritten haben, wo und wie sie sie auf der westseitigen Veranda möglichst ideal aufstellen können, um nicht der gleißenden Nachmittagshitze, dann im Sommer, infolge fehlender Markisen ausgesetzt zu sein. **Den ganzen Tag sah es nach Regen aus, und nun hat es sich doch gehalten.** Das hörte ich die alte Schimanek oft sagen, wenn sich die beiden vormittags nicht darauf einigen konnten, ob sie ihr Mittagessen heute im Freien oder doch lieber drinnen zu sich nehmen sollten. Der alte Schimanek, der grillt für sein Leben gern, aber halt nur, wenn das Wetter mitspielt. Jedenfalls, so ungewöhnlich ist das beim alten Schimanek nicht, dass der den Gasgriller schon bei den ersten Sonnenstrahlen im März ebenso anwirft wie die fanatischen Harley-Fans von nebenan ihre beiden blubbernden Heiligtümer. Diesem Hin und Her der Schimaneks zwischen draußen und drinnen zu lauschen, ist immer recht amüsant. Und weil der alte Schimanek so einen Sturschädel hat, macht ihm der Aprilregen oft einen Strich durch die Rechnung. Dann flucht er wieder auf Teufel komm raus und schuld ist natürlich seine Frau, die das Aprilwetter halt ein bisschen besser einschätzen kann als ihr Mann, nachdem sie es meistens schon vorher im rechten Bein spürt. Nur darauf vertraut der alte Schimanek natürlich nicht. Jedenfalls sind die zwei schon seit mehr als 50 Jahren ein Paar und überhaupt. **Du wirst doch nicht behaupten wollen, Forstreferendar Pfälle liebe Melitta mehr als sie ihn!** Keine Ahnung, ich weiß nur, der alte Schimanek liebt seine Frau mindestens gleich fest, wie er sie hasst, und ihr geht es keinen Deut besser.

Wenn ich nicht schon ein Mädchen geworden wäre, ich würde es heute gewiss nicht mehr. Manchmal, da klingt die alte Schimanek richtig philosophisch, meist dann, wenn sie ihr Mann wegen einer Lappalie wieder einmal auf 1,50 Meter zusammengestaucht hat, draußen auf der Veranda, so, dass es die ganze Nachbarschaft mitbekommt, wer bei den Schimaneks offensichtlich die Hosen anhat. **Man hat mir zwar meinen Sonntagsanzug angezogen, aber ich trage weder Hemd noch Unterhosen.** Wie gesagt, sehr philosophisch manchmal die alte Schimanek, die in voller Größe übrigens auch kaum die 1,60-Meter-Marke erreicht, wenn sie wieder einmal sinniert über die Wutausbrüche vom alten Schimanek. Oft zieht sich die alte Schimanek dann wortlos in ihren geliebten Gemüsegarten zurück und redet dort die Salatpflanzerln sattgrün. Ein Chlorophyllschub nach dem anderen jagt ihrer Vorstellung nach durch die zarten Pflänzchen, wenn sie ihnen voll Euphorie von den Sonnenseiten ihres Lebens erzählt.

Wirst du mich auch bisweilen im Traum besuchen? Bin ich jetzt doch noch einmal eingenickt? Verdammte Sommerzeit! Von wegen Frühlingserwachen, ohne Vorwarnung aus dem Tiefschlaf hochgerissen. Dieser penetrante Wecker, er nervt. Mitten in der REM-Phase. Noch dazu eine ganze Stunde früher als sonst. Sinnlose Sommerzeitumstellung. Da muss man doch krank werden. Andererseits, so scheußlich weiterträumen, das muss auch nicht sein. Ich werd' dann mal aufstehen, fein frühstücken und danach einen kleinen Spaziergang machen, ein wenig Frühlingsluft schnappen. **Wenn alles in Ordnung, leg' ich mich wieder auf den Rücken, wärme mich an der Verwesung und lächle.**

Meine Stirn ist kalt. Fieber? Kalt oder warm, wen juckt das schon? **Hast du für Mittag schon Fleisch gebracht, Mütterchen?** Ich bin doch Vegetarier und freue mich schon so auf das frische Gemüse aus dem eigenen Garten. Knackig frisch direkt auf den Teller. Die einzigen Fußabdrücke draußen im eigenhändig umgestochenen Beet, umhaucht vom ureigenen CO_2-Ausstoß meiner flatternden Lungenflügel. **Ahnst du denn nicht, dass nur deine Keuschheit meine Ausschweifungen gebiert?** Keine Fortpflanzung, kein Kind, keine kleine Wendla. Erst muss ich mich selber wieder in den Griff bekommen. **Auch die heilige Agnes starb um ihrer Zurückhaltung willen und war nicht halb so nackt wie du.** Das wird schwer genug, eine Lebensaufgabe. Die Jahre der Übergangsmäntel sind vorbei. Schlechte Zeiten für Exhibitionisten, denke ich so bei mir und schließe den obersten Knopf meines Poloshirts. Kurzärmlig wohlgemerkt. Denn die Sonne firmamentiert himmlisch und ihr Strahlen brennt. Zermürbteigte Weihnachtskeksreste verkrümeln das Bett. Der hängende Gärtner hat Parkinson. Aber ich werde hart an mir arbeiten und ich bin mir sicher, alles wird wieder gut. **Ich möchte ganz gern mal für dich in deinem Sack schlafen.** Ich kann es fühlen, der Frühling, schon überkommt er mich. Endlich, es geht bergauf. **Wendla war derweil bei uns und hat der Mutter Eingemachtes gebracht.** Träume oder wache ich?

Frank! Schau, dass du wieder ins Bett kommst, höchste Zeit zum Fiebermessen. Und deck dich anständig zu! Ich werd' dann mal lüften.

Damit es kein böses Frühlingserwachen gibt, sei darauf hingewiesen, dass es sich bei den fetten Markierungen um Zitate aus Frank Wedekinds „Frühlingserwachen" handelt.

ALLES MÜLLER, ODER WAS?

Waltraud hat wieder einmal ihre Wandertage. Wie jedes Jahr im Herbst. Immer derselbe Wanderzirkus. Thomas ist genervt. Denn der Müller, so heißt der Thomas hintenrum, der hat keine Lust auf Wandern. „Då baun de mit unsan Steuergeld sauteire Liftånlågn um Millionen und dånn lafn de Trottln z'Fuaß aufe. I vasteh des nit. Då kennt i mi vielleicht aufregn." Thomas hat es bei Weitem nicht so im Schritt wie seine Angetraute. Die traute Waltraud. Die hat dafür wiederum kein Verständnis. „Jetzt gib dir schon einen Ruck, du fauler Sack!" Doch während Waltrauds Wanderlied eindeutig „My boots are made for walking" heißt, liegt für Thomas als Trägheitshymne die alternative Coverversion „My booty's made for sitting" nahe. Ludwig Hirschs „I lieg am Ruckn" würde rein vom Titel her noch besser passen, doch Thomas ist Bauchschläfer. Jeder Streifen wird für ihn, selbst beim allabendlichen Fernsehschlaf auf der Wohnzimmercouch, zum Drehfilm. Außer beim Film „Seelenwanderung". Von dem weigert sich Thomas beharrlich, auch nur die ersten paar Minuten zu schauen. Das argumentiert er damit, dass Seelen unsichtbar sind. Ein Totschlagargument. Waltraud liebt indessen nicht nur diesen Film, sie glaubt auch im wahren Leben an Seelenwanderungen. Für Thomas wäre es das Schlimmste, als Reinkarnation von Reinhold Messner nochmals das Licht und die Gipfel der Welt zu erblicken. Wenn schon, dann als Yeti. Geländegängig. Und mit vier Rädern. Doch weder will er das mit der Seelenwanderung verstehen noch ist dieser ganze spirituelle Kram glaubhaft für ihn.

Thomas ist ein Bauchmensch. Und das nicht nur von seiner bevorzugten Liegeposition her. Mit seiner gewaltigen Bierplauze verkörpert er einen „Little Buddha". Bauchstreicheln geht allerdings rein gar nicht, denn Thomas ist äußerst kitzlig. Beim Austauschen von Zärtlichkeiten muss Waltraud daher sehr vorsichtig sein, wenn ihre Hände an Thomas entlang nach unten wandern, um sein bestes Stück zu verwöhnen. Dem kleinen Thomas nähert sie sich stets behutsam, denn wenn etwas schmerzhaft ist, dann sind das Wanderhoden. Und einer davon befindet sich im Besitz von Thomas. Noch dazu ein besonders schmerzanfälliges Exemplar mit enormem Bewegungsdrang. Der kleinste Fehlgriff und schon ist es vorbei mit knisternder Erotik. Ist aber ohnehin selten geworden der eheliche Beischlaf, seit Thomas nicht nur konditionell zusehends absackt. Wie er sich als Couch-Potato diese Lageanomalie seines Hodens zugezogen hat, ist und bleibt ihm jedoch ein Rätsel. Sein Hausarzt meinte, ein gestörter Hodenabstieg sei die Ursache. „Maldescensis testis. Das kann manchmal etwas unangenehm werden, aber viel weniger schlimm wie eine Hodenverdrehung. In gewissen Situationen, na, Sie wissen schon (Zwinker), da wandert der Hoden zwischen Leistenkanal und Hodensack hin und her. Das brauchen wir nicht gleich behandeln. Kinder können Sie auch so kriegen. Also Ihre Frau. Sie können die Kinder damit trotzdem machen, wollt' ich sagen. Kleines Scherzerl. Also kein Grund zur Beunruhigung und bleiben'S dran (Zwinker).“

Thomas war ziemlich geknickt von der Diagnose. Zugleich faszinierte es ihn, dass zumindest ein Teil von ihm mitunter Wanderambitionen zeigt. Was ihn aber viel mehr zum Nachdenken brachte, das waren die abschließenden Worte seines Arztes: „Bleiben'S dran.“ Ja, wie denn? Es ist, wie es ist. Die Libido ist im Arsch, und das nicht erst seit dieser Unpässlichkeit unterhalb der Gürtellinie. Aber kein Wunder. Waltraud wandert wie ein Wiesel. Sie ist inzwischen sportlich, attraktiv und schlank. Eine kleine Berggämse. Bei Thomas beschränkt sich das Nach-oben-Wandern ausschließlich auf sein Gewicht. Abgesehen vom linken Hoden. Und zugegeben, auch sein Blutdruck hat mittlerweile Höhen erreicht, die ein ausgiebiges Liebesspiel, länger als zwei Minuten, zum russischen Roulette werden lassen. Zwar ist sein Wanderhoden stets voll geladen, doch zum Schuss zu kommen, das könnte für Thomas tödlich enden.

Waltraud kommt gerade. Kein Auswärtsspiel. Auch keine Selbstbefriedigung. Also irgendwie schon. Sie kommt gerade zurück von einer ausgedehnten Wanderung. Sie war heute alleine unterwegs, ganze acht Stunden. Die Rosi, ihre beste Freundin, die sie sonst oft begleitet, die hatte heute keine Zeit. Stattdessen ein Date mit irgend so einem Typen. Überhaupt, die Rosi, die hat in letzter Zeit einen ganz schönen Männerverschleiß. Das ist sogar dem Thomas aufgefallen. Viele der Kerle lernt die quirlige Rosi beim Wandern kennen. Und das nicht nur in der Aufreißeckgruppe. Da werden nicht bloß Berge bestiegen. Der Thomas, der hat ihr auch gleich einen Spitznamen verpasst. Nicht sehr charmant, aber, glaubt man den Erzählungen von Waltraud, durchaus treffend: „Die Wanderhure". Und wenn sich die beiden über den Weg laufen, das heißt, wenn die Rosi zu Besuch bei der Waltraud und der Thomas auch zugegen ist, dann beginnt er, provokant zu summen. Die Melodie von „Skandal im Sperrbezirk". Diesen Ohrwurm von der Spider Murphy Gang. Ganz schön fies. Na ja, was sich liebt, das neckt sich, könnte man meinen, doch inzwischen kann die Rosi den Thomas ganz und gar nicht mehr ausstehen. Weil der nur austeilen könne, sagt die Rosi. Aber kaum bietet sie ihm einmal ein wenig Paroli, dann ist er sofort eingeschnappt, der, natürlich wie immer, unschuldige Thomas. „Bist doch nur neidisch, weil du nur mit der Waltraud... also nein, monogam, das wär' nichts für mich. Und überhaupt, schau dich einmal an, wie unförmig du geworden bist. Das ist ein echter Skandal", ging es beim letzten Pfeifkonzert durch mit der Rosi.

„Schau du lieber, dass du hochkommst von deiner Couch, du Fettarsch!"

Ein heftiger Streit war die Folge, der schlussendlich in einem Betretungsverbot der müllerschen Wohnung für die Wanderhure Rosi gipfelte. Ungewohnt energisch verhängt von Moralprediger Thomas. Rosis Männerfluktuation war seither freilich keinesfalls rückläufig, ganz im Gegenteil. Und Thomas' Lust aufs Wandern hält sich nach wie vor in Grenzen. Keine Baumgrenze. Keine Schneegrenze. Tausend Schritte pro Tag. Das ist seine absolute Schmerzgrenze. Nur gedanklich absolviert Thomas manchmal einen Höhenflug. Wenn schon rauf in die Bergluft, dann gut geliftet. Zweimal umfallen bis zur Almhütte. Eine zünftige Brettljause. Ein kühles Bier dazu. Ein Schnapserl drauf. Für die Verdauung. Danach Hüttengaudi mit Waltraud. Mit Übernachtung. „Auf da Alm, då gibt's ka Sünd." Und Waltraud ist allemal keine Sünde wert. Wenn ihn bloß sein kleiner Thomas nicht im Stich und ihn zum Stich kommen lässt. Und wenn sie mitspielt. Die Waltraud. Vor allem aber, wenn er nicht gerade wieder eine Weitwanderung macht, sein nomadischer Wanderhoden. Und damit hat es sich auch schon wieder ausgewandert. Sonst bekommt Thomas noch Blasen beim Wandern. Bevor es zu heiß hergeht, schnell die Gedanken abschweifen lassen: „Rasten sich Wanderdünen eigentlich auf Sandbänken aus?"

DER SELBSTFINDUNGSTRIP DES HERRN GRUBER

Moses ist ein Findelkind. Nicht der Wasserteiler. Schon der auch. Aber hier ist die Rede von Moses Gruber. Seine leibliche Mutter gab ihm gleich nach der Geburt einen Korb. Die Babyklappe musste zum damaligen Zeitpunkt erst noch erfunden werden. Und so wuchs Klein-Moses zwar unbekümmert, doch fremdeltrig auf. Besondere Gedanken hat er sich darüber nie welche gemacht. Zumindest nicht bis zu seinem 50. Lebensjahr.

Herr Gruber ist seit Jahren Leiter des örtlichen Fundamts in Findelsing, einem Vorort der Stadt Suchen. Nicht nur dort sagen alle „Der Fundgruber" zu ihm. Und weil er äußerst exzentrisch und aufmerksam zugleich ist, bezeichnen ihn manche auch als „Fundamtmentalisten". Sein ausgeprägter Erfindergeist von früher, als ihn während seiner Schulzeit noch alle Daniel Düsentrieb nannten, der war weder ein Bewerbungskriterium für die Stelle noch benötigt er diesen bei der täglichen Arbeit. Sein typischer Rat an die Klienten des Fundamts, in Zukunft ein bisschen besser aufzupassen auf ihre sieben Zwetschken, der muss schließlich nicht ständig neu erfunden werden. Wie auch immer, Moses amtiert in Findelsing, als Herr über ein recht kurioses Sammelsurium von Findlingen. Was nicht alles liegen gelassen wird. Man glaubt es kaum. Dabei heißt es doch so schön: Wer suchet, der findet. Das klappt allerdings nicht immer. Vor allem die Suche nach der richtigen Frau scheiterte bei Moses bislang kläglich. Hat bei ihm womöglich ein frühkindliches Bindungstrauma stattgefunden?

Jedenfalls befindet sich der Herr Gruber mitten in seiner zweiten Midlife-Crisis und seit geraumer Zeit ebenso mitten auf dem Selbstfindungstrip. Dass er weder Vater noch Mutter auch nur annähernd ähnlich sieht, verwunderte früher bloß die Verwandtschaft. Besonders, weil seine beiden Schwestern Esther und Sarah den väterlichen Zinken keinesfalls verleugnen können und sein Bruder Jakob mit dem lockigen Haar der Mutter gesegnet ist. Moses' Nase schlägt hingegen keine Haken und seine Haare glänzen seit Mitte 30 viel mehr durch Abwesenheit als durch wellige Fülle. Auch im restlichen Gesicht nichts Gruberisches. Nicht einmal das markante Kinngrübchen der männlichen Grubers seit Generationen ist auch nur ansatzweise vorhanden. Mit zunehmendem Alter bemerkte Moses natürlich selbst seine optische Außenseiterrolle, doch ihn kümmerte das nicht die Bohne. Seine Artverwandtschaft sucht man sich nun mal nicht aus. Irgendwann fanden sich alle damit ab, ohne die Unähnlichkeiten andauernd näher zu hinterfragen. Doch neulich verplapperte sich die demente Tante Hedwig bei der Überreichung des Geschenkkorbs zu ihrem Achtziger ein wenig.

„Mei, so ein schöner Korb. Fast so schön wie damals, vor 50 Jahren, nicht wahr, Maria... Anna... Erna?" Nicht nur Erna, so der zutreffende und einzige Name von Hedwigs Schwester und Moses' Mutter, zuckte daraufhin zusammen. Plötzlich richteten sich sämtliche Blicke der versammelten Verwandtschaftsschar auf Moses. Er selbst hatte das Ganze offenbar gar nicht so mitbekommen und beliebte, in seiner gewohnten Art zu scherzen: „Was ist? Warum schaut ihr mich alle so an? Soll ich zur Feier des Tages Wasser in Wein verwandeln? Würde ich zu gerne, geht nur leider nicht, das war der andere. Ich kann mein Wasser nur teilen mit euch." „Ach, Moses, du Kindskopf", erwiderte seine Mutter, sichtlich um Luft ringend, „du wirst wohl nie erwachsen." In Richtung ihrer Schwester Hedwig warf Erna einen bösen Blick und fauchte sie an: „Das schaut dir wieder ähnlich. Keine Namen merken, aber sich daran erinnern wollen, was vor 50 Jahren gewesen ist." Ernas Zweitschwester Beate versuchte, zu beschwichtigen: „Ja, liebe Hedwig, du wirst, wie auch die Erna, wie ich, wie wir alle, sicher schon einige Körbe in deinem Leben bekommen haben. Die einen schön, die anderen zum Vergessen."

Doch Moses wurde hellhörig. Seine Mutter. Ein Korb. Vor 50 Jahren. War er womöglich ein Aussetziger? Sonst ein echter Fundskerl, aber diese ominöse Andeutung von Tante Hedwig und die merkwürdige Reaktion der Familie brachten Moses Gruber gehörig ins Grübeln. Er suchte sofort das Gespräch mit seiner Mutter. Doch die druckte bloß herum, wiegelte ab, fand Ausflüchte aller Art. So blieb Moses' wiederholte Frage nach seiner Herkunft ohne befriedigende Antwort. Adam, Ernas Mann, schwieg. Ihm kamen die erlösenden Worte „Ich bin dein Vater" nicht über die Lippen. Moses' Schwestern verfolgten den schwelenden Streit zwischen ihm und ihrer Mutter nur halbherzig. Sie wendeten sich beide ab. Moses' Bruder war bereits vorsorglich auf dem Jakobsweg zur Toilette. Eine seltsame Familienaufstellung. Plötzlich stellten sich alle gegen Moses. Wie ein verstoßenes Kind behandelten sie ihn. Alle waren bemüht, den Fauxpas von Erbtante Hedwig herunterzuspielen. Es galt, ihre Verwirrtheit und Vergesslichkeit für das Gesagte verantwortlich zu machen und die Wahrheit nicht ans Tageslicht zu lassen. Die Suche nach Hinweisen auf seine wahre Geschichte schien für Moses in dieser Situation ausweglos. Doch eines war ihm klar. Da war was faul im Hause Gruber. Tante Hedwig wühlte sich unbeeindruckt und abwesend durch den riesigen Geschenkkorb. Moses suchte aufgewühlt das Weite.

„Wer bin ich?", drängt sich ihm fortan die Frage auf. In Ermangelung familiärer Hilfsbereitschaft entschließt sich Moses dazu, sich auf einen Selbstfindungstrip zu begeben. Doch ohne fundierte Kenntnisse der Materie ein mehr als schwieriges Unterfangen. Daher zunächst Hilfe zur Selbsthilfe suchen. Betreute Selbstfindung sozusagen. Moses verspürt das dringende Bedürfnis, sich mitzuteilen. Er muss mit jemandem über seine Befindlichkeit sprechen. Er möchte endlich mehr wissen über sich. Er braucht Gewissheit. Wo komme ich her? Wo gehe ich hin? Was mache ich hier? Dazu gilt es zunächst einmal, das innere Auge auf sich selbst zu werfen. Das äußere, das rechte seiner beiden, ist ohnehin beeinträchtigt. Fundus hypertonicus, eine chronische Gefäßverengung der Netzhaut infolge von Bluthochdruck im Übergang zur hypertensiven Retinopathie. Klingt gefährlich. Ist es auch. Wird aber bereits behandelt. Von Frau Doktor Finding-Körbler, seiner langjährigen Augenärztin. Warum seine Wahl seinerzeit ausgerechnet auf sie gefallen ist? Das mag männliche Intuition gewesen sein. Nun bedarf es jedoch, dem inneren Auge Gehör zu schenken und zu schauen, was die innere Stimme zu sagen hat. Echte Familienaufstellungen, ganz ohne geburtstägliche Feierlichkeiten, Meditation, authentisch mediterran, Reiki, um dringend eine Energiewende herbeizuführen, Selbstliebe, selbstverständlich ohne Fummeln, Yoga, möglichst ohne Selbstverknotung, lauter wichtige Begleiter auf seinem Weg zu sich selbst. Das sind aber nur einige der Methoden, in denen sich Moses im Lauf seiner Selbstfindung suchen und versuchen wird. Das kann dauern, denn findige Therapeutinnen haben dafür so manches im Fundus. Das Ganze hat schließlich Methode. Da muss man als zu therapierendes Gegenüber schon mit Achtsamkeit vorgehen. Sonst wird man statt rückgeführt mitunter auch schon mal vorgeführt. Und das würde mit Sicherheit zu weit führen. Da müssten einem die Kosten dann refundiert werden. Doch so weit soll es gar nicht erst kommen.

Jedenfalls hat der Herr Gruber inzwischen herausgefunden, dass er ein Findelkind ist. Dennoch sucht er sich immer noch. Sich selbst und die Frau an seiner Seite auch. Aufgegeben hat er noch nicht. Bis auf eine Annonce. In der „Fundgrube". Unter der Rubrik „Er sucht sie". Überschrift: „Moses möchte sein Leben teilen". Vielleicht muss er dabei ja nicht nur mit dem einen oder anderen Korb rechnen. Ein erstes Interesse hat er bereits geweckt. Bei einer gewissen Gundula Pickel aus Höhldorf. Sie wollte früher einmal Grubenarbeiterin werden, wie ihr Vater, schreibt sie. Doch dann hat sie ihre Berufung über Tage als Pfadfinderin gefunden. Den Moses findet sie überaus attraktiv und möchte ihn gerne näher kennenlernen. Wer weiß? Womöglich findet Moses in ihr sein Häschen in der Grube, sich selbst demnächst vorm Traualtar wieder und das Ganze mit seiner durch maßlose Selbstliebe gefundenen Herzallerliebsten schon bald ein Happy End, wenn die beiden in Findelsing den Fund fürs Leben schließen.

HEITER BIS WOLKIG – KEIN SCHAUERMÄRCHEN

Alle reden darüber. Macht doch jeder. Zumindest verlegentlich. Darüber schreiben. Das ist schon etwas ganz anderes. Da muss man sich in anderen Hemisphären bewegen. Schließlich und endlich sind die Lesenden anfänglich gespannt wie ein Regenschirm. Gut so, denn ich bin ein Schlechtwetterschreiber. Meine Geschichten tröpfeln normalerweise so dahin. Manchmal läuft es auch wie am Schnürchen. Bei Schnürlregen beispielsweise, da sprühe ich vor Ideen. Zeitweise fließt es auch nur so aus mir heraus. Besser gesagt, sie fließen heraus. Die Tränen. Aus den Augen. Vor Lachen. Den Zuhörern. Vorwiegend den Zuhörerinnen. Die Männer. Die haben nie Taschentücher dabei. Darum weinen Frauen. Aber anderes Thema. Zurück zum Wetter.

Julius, 41, Meteorologe. Ein Wetterfrosch. Aus dem

Fernsehen. Bei PULS 4. Zuvor. Ein Stellenwaise. Ohne Arbeitgeber. Fast zwei Jahre lang. Hochs und Tiefs. Sein Alltag. Aber nicht nur beruflich. Julius' Frau Amanda. Sie ist wetterfühlig. Extrem wetterfühlig. Ein Wirbelwind. Schon beim lauesten Lüftchen. Aufbrausend wie Samarin. Und das mit nur 32. Vorzeitige Hitzewallungen. Überlagert von Stimmungsschwankungen. Heftige Wetterkapriolen. Keine Seltenheit im Hause Regensberger. Allein schon der Name. Regensberger. Als Meteorologe. Kein gutes Omen. Amanda legt sogar noch eines drauf. Ihr Nachname Regensberger-Berger. Und Pankraz. Ihr Sohn. Eben erst sieben geworden. Der kleine Sonnenschein. Er stottert. Nach seinem Namen gefragt. Pa-Pan-Pank-Pankra-Pankraz Re-Re-Re-Regen-Regens-Regensberger-Berger-Berger. Das dauert schon mal. Aber auch Julius stottert. Seine Schulden. Ab. Bei der Bank. Von wegen Eigenheim. Aus Sicht der Bank. Ein Zinshaus. Aber eine ganz andere Geschichte. Zurück zum Wetter.

Julius. In der Arbeit. Stets an vorderster Front. Kalt oder warm. Einerlei. Immer freundlich. Immer adrett. Ein Gesicht wie sieben Tage Regenwetter. Verboten. Immer ein Lächeln auf den Lippen. Auch nach acht Tagen Regen am Stück. Privat. Vom Typ her. Eher kühl. Bis er mal auftaut. Das dauert. Kein stürmischer Draufgänger. Bis auf die Geodynamik absolut undynamisch. Im Fernsehen zum Angreifen. Im echten Leben unnahbar. Viele Freunde. Die hat er nicht. Der Julius. Muss wohl an seiner Glaubwürdigkeit liegen. Kein Vertrauen. Berufsbedingt. Lächerlich. Berufliches und

Privates. Das gehört getrennt. Daheim. Da hat er sie an. Die Windhose. Oder wie die Engländer sagen. Short Bläh. Und damit zurück zum Wetter.

Er hat es doch nicht erfunden. Der Julius. Das Wetter. Er sagt es nur an. Scheißjob. Es allen recht machen. Hitzefanatikern. Regenliebhabern. Bauernreglern. Nebelkindern. Schneehaserln. Windsurfern. Sonnenanbetern. Und Hagelfetischisten. Das geht nicht. Völlig unmöglich. Außerdem. Das Klima spielt verrückt. Selber schuld. Der Mensch. Pfeift auf die Umwelt. Das muss einmal ventiliert werden. Geld regiert die Welt. Der neue Traumjob: Klimaanlage(n)berater. Die Aktien. Hoch im Kurs. Von wegen. Der Eisbär ist los. Bullshit. Damit lässt sich Kohle machen. Die fadenscheinigen Klimabündnisse. Lauter heiße Luft. Das Hoch Gwendolin lässt das kalt. Da kann es brausen gehen. Das Tief Bonimir. Der ganze Klimawandel. Ein Kapitel für sich. Zurück zum Wetter.

Im April. Da macht das Wetter, was es will. Als würde es mich in den anderen Monaten fragen, denkt sich Julius. Speziell im April. Aber auch sonst. Recht labil. Die Wetterlagen. Und die Stimmungslagen. Von Julius. Aprilneurose. Ein typisches Meteorologenleiden. Früher. Da war das noch irgendwie verständlich. Gut. Da hieß die Wettervorhersage auch noch „6 aus 31". Aber heute. Trotz hochmoderner Technik. Trotz pipifeiner Messstationen. Trotz Unmengen an Satelliten. Die Trefferquote. Im April. Unter aller Sau. Da hagelt es. Jede Menge Kritik. Julius versucht, seine Ausrutscher zu überspielen. Er scherzt: „Vereinzelte Schauer sind schlecht für die Quote." Trotzdem. Die reinste Tombola. Wettervorhersagen im April. Die sind wie Wahlversprechen. Wobei. Die gibt's ja gar nicht mehr. Die Fehler der anderen. Das ist Politik heute. Gute Nachrichten. Wer will die schon? Skandale. Den Gegner schlechtreden. Eigene Ideen. Wie Ideen? Eigene noch dazu? Nein. Über die Politik. Da hat er aufgehört. Der Julius. Zu wettern. Ganz und gar nicht sein Metier. Zurück zum Wetter.

Im Mai. Die Eisheiligen. Ja. Früher. Heute ist denen auch nichts mehr heilig. Der Pankraz. Der kleine Fratz. Kein Kind von Heiterkeit. Akribisch hingeplant. Sein Geburtstermin. Zu den Eisheiligen. Damals. 11. Mai 2008. Punktlandung. Ein Sonntagskind. Der Pankraz. Der Erstgeborene. Daher Pankraz. Von Pankratius. Beim Ius. Da war sie dagegen. Die Amanda. „Beim Petrus. Dann eben Pankraz. Bevor wir noch um Pontius und Pilatus raufen", hat sie gemeint. Weitere Kinder. Ausgeschlossen. Da ist sie sich sicher. Die Amanda. Servatius. Bonifatius. Und die kalte Sophie. Noch zwei Buben. Dann erst ein Mädchen. Und dann noch das Hintimen. Das ist ihr zu viel. Außerdem. Ganz und gar nicht kalt war's. Am 11. Mai 2008. Ganz im Gegenteil. Im ganzen Land die erste Hitzewelle. Julius meinte noch: „Heißt doch auch hochschwanger." Meteorologenhumor. Unter anderen Umständen. Da wäre sie wohl ausgezuckt. Die Amanda. Doch ihr Bauchgefühl hat ihr gesagt: „Lass ihn. Donnerwetter wird's noch oft genug geben." Vor allem dann, wenn er ihn packt. Den kleinen Pankraz. Ins Auto. Und dann. Im Kia ab zum IKEA. Auf Köttbullar. Männer brauchen Fleisch. Findet Julius. Ein Affront. Gegen Amandas vegetarische Alltagskost. Bei Fleischbällchen. Da hängen sie tief. Die Wolken. Und der Haussegen schräg. Dafür hasst sie ihn. Den Julius. „Lebt er noch oder hängt er schon?", fragen sich dann selbst eingefleischte Vegetarier. Gemüsigtes Klima. Das Stimmungsbarometer auf null. Zurück zum Wetter.

Seit sie den Julius kennt. Amandas bester Freund. Der Dreiwettertaft. Hervorragende Vertrauensbasis. Kriselt aber sowieso. Länger schon. Kriegen sich immer wieder in die Haare. Die beiden. Beziehungsprognose: unbeständig. Außer es kommt bald ein Umschwung. Sonst ist die Luft draußen. Nicht nur die heiße. Um die sich ihre seltenen Diskussionen oft drehen. Meist an Wochenenden nimmt sie rasant zu. Die Quellbewölkung. Amanda auch. Aus Verzweiflung. Was hingegen abnimmt. Die Anzahl gemeinsamer Sonnenstunden. Kaum ein ganzer Tag ohne Streit. In der zweiten Tageshälfte steigt die Aufregenwahrscheinlichkeit stark an. Gleichzeitig sinkt die Belastbarkeitsgrenze. Auf 1,47 Meter. Dann steht es ihr. Der Amanda. Bis zum Hals. Selbst der Swimmingpool, natürlich auf Pump, verschafft dann nur noch geringe Abkühlung. So viel zur Beziehungslage im Regensberger Becken. Zurück zum Wetter.

Wenn das Wetter verrücktspielt, dann liegt er meist daneben. Der Julius. Spätabends. Im Bett. Neben

Amanda. Manchmal. Da erzählt er dann Witze. So wie neulich. Den mit der älteren Dame. Nein. Den mit den zwei älteren Damen. Wie die sich unterhalten. Da, wo die eine dann meint, dass sie es immer schon vorher spürt. Das schlechte Wetter. Im Ellbogen. Im linken. Seit der Operation. Und die andere sagt dann, sie hat eine Wetterscheide. Oder so ähnlich. Jedenfalls nicht gut. Nicht nur nicht gut erzählt. Die Pointe. Meistens versemmelt. Noch dazu. Immer dieselben Witze. Witze übers Wetter. Oder Frauenwitze. Die liebt sie. Die Amanda. Besonders heiß. Zurück zum Wetter.

Sonntag. Wieder mal Schlechtwettertag. Wie vorhergesagt. Von Julius. Daheimbleiben ist angesagt. Julius steht am Fenster. Er sagt: „It's raining cats and dogs, würden die Engländer sagen." Verdutzt schaut er ihn an. Der Pankraz. Und füttert sein Meerschweinchen weiter. Wortlos. Hamster heißt es. Das Meerschweinchen. Das fand er lustig. Der Pankraz. Köttbullar durfte er nicht. Weder essen. Noch als Name. Daher Hamster. Ham-Ham-Hamster. Wenn er es ruft. Kurz vor zwölf. Amanda kocht Karfiol. Karfiol mit Bröseln. Das heutige Sonntagsschnitzel. Bei den Regensbergers. Dazu Salat. Gemischte Gefühle. Gleich fertig. Das Festessen. Punkt zwölf. Am Mittagstisch. Der Salat knackt. Amanda schmeckt's. Pankraz stottert: „Scho-scho-schon wi-wie-wieder Ka-Ka-Kar-Karfiol." Julius stochert im Essen. Lustlos. Keine Fleischbällchen versteckt. Unterm Karfiol. Kleine Bröselkügelchen. Mehr nicht. Julius räuspert sich. Kein Brösel im Hals. Missmut. Immer dieses Grünzeug. Es gibt kein schlechtes Wetter. Nur schlechte Stimmung. Anspannung liegt in der Luft. Trotzdem fragt Amanda unbeirrt: „Schatz, gehst du morgen mit mir zum Sturm?" Julius ist verwundert. „Ist doch gar kein Sturm vorhergesagt für morgen." „Von dir nicht, aber die spielen bei jedem Wetter." Julius schüttelt den Kopf. „Wer? Was? Wo?" Amanda gereizt: „Na, im Theater. Der Sturm. Du Blitzgneißer!" Julius versteht noch immer nicht. „Willst du mich verarschen?" „Der Sturm. Ein Drama von Shakespeare." „Was soll das Theater? Ich brauch' jetzt ein Bier." Von wegen stellenweise heiter. Dunkle Wolken ziehen auf. Über dem Mittagstisch. Gleich donnert es gewaltig. Bald macht Amanda Schluss mit Julius. Da gehe ich jedes Wetter ein.

DIE TRAUER VON WELSBACH ODER KEINE HOCHZEIT UND EIN TODESFALL

Welsbach, die Partnergemeinde von Wallersdorf, ein kleiner, beschaulicher Ort in ländlicher Idylle. Dort, wo sich Fisch und Bachstelze „Gute Nacht!" sagen, wird die gewohnte Stille an diesem Tag von einem alles überschattenden Ereignis in aller Stille übertönt. Niemand hat damit gerechnet, dass der Poldi seinen Liegeplatz im Familiengrab vor seinen Eltern einnehmen würde. Selbst Poldis Großeltern schauen nun auf ihn herab. Unbemannt tritt die Witwe ans Grab. Genauer gesagt Poldis hinten gebliebene Verlobte Antonia. Nächste Woche wäre es so weit gewesen, doch in diesem Moment wird dem Poldi jene Erdverbundenheit zuteil, die er zeit seines kurzen Lebens verspürt hat. Ein sehr geerdeter Mensch war er. Früher. Doch die Elektrikerlehre. Abgebrochen. Wie den Entzug. Den allerdings mehrfach.

Dass Poldis Leben einmal ein trauriges Ende nehmen würde, das hat ihm vor einigen Jahren schon sein Hausarzt prophezeit, wegen der Volksdroge Alkohol. Dass es mit 28 sein würde, das hätte eigentlich sein Kinderarzt bereits diagnostizieren müssen. Doch woher hätte der wissen sollen, dass der Poldi just nach seinem Polterabend im Suff vom Rad in die Wels kippen wird, wo seinerzeit Stützräder das noch verhindert hätten? Von der Flasche ist er indes nie so richtig weggekommen, bis auf die Schulmilch im Packerl. Von wegen in der Schule lernt man fürs Leben. Das einzige Milchglas, das der Poldi nach seiner Schulzeit jemals wieder angegriffen hat, das war, als er es in der neuen Küche selbst montiert hat.

Der Poldi war schwerster Alkoholiker, zuletzt nur noch ein Schüttbild seiner selbst. Das macht die härteste Leber auf Dauer nicht mit, wenn ständig zu viel über sie läuft. Sturzbesoffen war er. Wieder einmal. Obwohl er mit dem Rad unterwegs war, hatte er zu viel getankt. Eine seiner zahlreichen Schnapsideen. Noch dazu war es das neue Elektrorad von der Antonia. Irrsinn Wels. 2016. Das Ergebnis: Der Poldi tot. Das Rad schrottreif. Die Hochzeit den Bach runter.

Wie die Polizei die Antonia kurz vor Mittag heimgesucht hat, da war sie sich sofort hochprozentig sicher, dass ihrem Poldi was zugestoßen ist. Wäre er doch nur hinübergegangen zum Wirt. Wie oft hat sie ihm gesagt, dass die Promillegrenze auch für Radler gilt und dass er sich gefälligst nicht aufs Rad setzen soll, wenn er kaum noch stehen kann. Aber das hat der Poldi spätestens nach dem fünften Viertel vom Welsriesling immer bestens verdrängt, ganz nach dem Motto „Steter Tropfen höhlt den Kopf". Jetzt hat sie den Scherm auf statt er wenigstens den Helm. Doch selbst mit dem besten Helm wäre der Poldi wohl ertrunken und erlegen. Jedenfalls sitzen die Radnarben nun tief. Und alle stehen sie da. Am Friedhof. Im Halbkreis, wie ihn der Poldi gemeinsam mit den anderen anonymen Alkoholikern unter der Leitung der Entzugsbegleiter früher auch immer bilden hat müssen. Aber er hat es nicht geschafft. Das Einzige, was beim Poldi stets trocken war, das war sein Humor. Im Gegensatz zum Bier und zum Schnaps ist den Zuhörern so mancher seiner selten flüssig erzählten Witze im Hals stecken geblieben. Meistens hat er beim Erzählen ohnehin so stark gelallt, dass sich alle mehr über den „Trunkenpoldi" lustig gemacht haben als über die unverständlichen Pointen. Dennoch hat der Poldi die Witzkiste viel zu früh gegen den schlichten Holzsarg, in dem sich die Alkleiche der Trauergemeinde heute präsentiert, getauscht. Hätte er mal lieber den Fischen das mit dem Laichen in der Wels überlassen, als nachts in fremden Bachbetten rumzutreiben. Wobei, Alkoholleiche? Genau genommen Wasserleiche, doch das würde beim Poldi unter Nachrufschädigung fallen.

Eine überschaubare Anzahl an Menschen, die selbst bei doppelter Sicht beinahe an den zwölf Fingern des Darms abzählbar wäre, säumt das Grab. Während die versammelte Verwandtschaft von unterschiedlichst ausgeprägter Trauer übersät aufmarschiert ist, wuchert auf dem Nebengrab das Unkraut. Die Beerdigung und der anschließende Leichenschmaus beim Kirchenwirt finden nur im engsten Familienkreis statt. Einige von Poldis Zechkumpanen haben es sich dennoch nicht nehmen lassen, dem letzten Weg ihres Saufbruders als Zaungäste beizuwohnen. Schließlich haben sie heute jeden Grund, ihre Trauer um den Poldi in Alkohol zu ertränken.

Eine der wenigen, die das tragische Ende Poldis nüchtern sieht, ist Ruth, Poldis gewesene Schwiegermutter in spe. Als sie von dem Unglück hörte, polterte sie vor sich hin, dass sie es immer schon gewusst hat. „Ich hab's ja gesagt, irgendwann bringt ihn der Alkohol um." Ihr Mitleid mit ihrer Tochter Antonia hält sich in Grenzen, zumal sie von Anfang an gegen die Beziehung mit Poldi war. Dass dieser so überstürzt einen Abgang von dieser Welt machen würde, war für Ruth nur eine Frage der Zeit. Dass es am helllichten Vormittag gegen zehn Uhr mit einer Vollgranate war, hat sie dann doch überrascht, denn um diese Zeit schlief Poldi seinen Rausch normalerweise bereits aus. An diesem schicksalhaften Tag hat er sich dazu allerdings das falsche Bett ausgesucht. Die Erfahrung des gesundheitlichen Mehrwerts von Wasserbetten wird Poldi jedenfalls auf ewig verwehrt bleiben.

Stünde keine stille Messe am Programm, ein Requiem von Bach im Vierviertel- oder Zigachteltakt wäre allemal angebracht gewesen. Doch anstelle von Musik findet der betagte Dorfpfarrer klare Worte. „Schnaps, das war sein letztes Wort", grölt plötzlich einer aus der Riege der Fahnenträger dazwischen. Das kann nur der breite Mike gewesen sein. Der Anführer der Wels Angels. Ein rauer Kerl und äußerst ungustiöser Ungustl. Ein hochwürdiges Räuspern bringt die Grabrede kurzzeitig zum Stocken. Doch dem unpassenden Unkenruf zum Trotz setzt Pfarrer Weinhandl, begleitet von einem entsetzten Raunen der Menge, gleich darauf beirrt seine Predigt fort. „Ein Kind der Gemeinde ist von uns gegangen. Marie von Ebner-Eschenbach würde sagen: Was euch betrifft, ihr denkt von dem Menschen nicht das Schlechte, sondern das Allerniederträchtigste. Doch unser Poldi war stets ein braver und rechtschaffener Mensch." Die Glocken der barocken Dreifaltigkeitskirche erklingen, wie einst von Fischer von Erlach auf den Plan gerufen. Pfarrer mit kurzen Beinen lügen nicht. Die Worte und das Geläut hallen nach. Doch Marie von Ebner-Eschenbach hin, Fischer von Erlach her, die Trauer von Welsbach nimmt ihren Lauf.

Dem beschönigten, vor allem aber alkoholfreien Lebenslauf des Verstorbenen lauschend trauert die Familie in betrübter Gemütlichkeit vor sich hin. Tränennahe Verwandte sind nicht unter den Gästen. Nur Antonia vergießt echte Tränen. Die anderen sind mit den Gedanken wohl schon längst beim Leichenschmaus. Während Antonia das Wasser über die Wangen auf die Grabeinfriedung kullert, läuft es den anderen bereits im Mund zusammen. Dazu noch die stichelnden Bemerkungen von Antonias Mutter. Auch wenn Poldis

Familie seinem Tod eher kühl begegnet, dass Ruth ihre Tochter vermeintlich scherzhaft „Witwe Poldi" nennt, das geht selbst ihnen zu weit. Darüber lacht kein Huhn. Das Grabgeflüster droht unweigerlich, zu verlauten, doch Antonia versucht sofort, eine mögliche Eskalation abzuwenden. „Ach, lasst doch die Ruth in Frieden, die mag sich ja selbst nicht", beruhigt Antonia die aufgebrachte Meute. Mike, stets darum bemüht, keinen Stunk zu vermeiden, setzt mit seiner Parole „Don't drink and dive!" sofort einen drauf. Vor Wut hätte ihm die Antonia am liebsten eine getaucht. Aber der Mike ist bei Gott kein Flachmann. Eins neunzig groß und breite Schultern. So werden lediglich das Heulen und Schluchzen von Antonia immer intensiver. Als dann auch noch drei ehemalige Mitsäufer vom Poldi das Lied „Einer geht noch, einer geht noch rein" am offenen Grab anstimmen, geht es mit Antonia endgültig durch. Eine Hochzeit in vollem Glanz, nicht nur in Poldis Augen, hätte es werden sollen. Doch wenn sich Antonia jetzt nicht rasch wieder unter Cointreau bekommt, könnte das Trauerspiel im Affekt gar mit einem Doppelbegräbnis enden.

LOCKER-LEICHTE LINGUINE
ODER EINFACH NUR VERNUDELT

„Leicht hat man es nicht, aber leicht hat es einen" oder „Die fetten Jahre sind vorbei, ich steige jetzt um auf Leichtmayonnaise" oder „Ein Mantel des Schweigens breitete sich über das leicht bekleidete Mädchen". Die Suche nach einem geeigneten Anfangssatz für eine packende Kurzgeschichte, nicht zu seicht, aber auch nicht zu forsch, bereitet Philipp leichte Kopfschmerzen.

Philipp Schreiber, Schwerarbeiter in Frühpension und Gelegenheitsautor. Unter der Woche verdiente er sich früher seine Brötchen in einem Leichtmetallbetrieb. Die Abende, teils auch die Nächte, und die Wochenenden, die gehörten schon damals seiner wahren Leidenschaft, dem Schreiben. Wie er einst zum Schreiben kam, ganz abgesehen davon, dass er es seinerzeit in der Schule gelernt hat, das weiß Philipp selbst nicht mehr genau. Mittlerweile geht es ihm zeitweise recht leicht von der Hand, allerdings nicht aus dem Kopf. Soll heißen, seine rechte Hand würde wirklich gerne schreiben, mehr und immer mehr, sein Kopf hinkt jedoch meist hinterher. Befinden sich die beiden einmal im seltenen Einklang, bringt er vornehmlich schwermütige Lyrik zu Papier. Keine leichte Kost, die er in solchen Phasen hinblättert. Satzfragmente fügen sich plötzlich zu poetischen Phrasen, mitunter gar zu ganzen Strophen. Die einzelnen Wörter puzzelt er mühsam in Leichtsatzbauweise zusammen. Da sind seine Synapsen schwer am Glühen. Dabei, speziell verträumte Lyrik möchte man dem Fast-zwei-Meter-Kraftlackel am wenigsten zutrauen. Doch eben damit punktet der Philipp, etwa mit folgenden Zeilen:

Leichten Fußes, weich wie Wolken, engelsgleich,
wie ein Elf im Porzellanladen,
möchte ich sein bei Tag und Nacht,
denn bin leicht verliebt in dich gar schwer.

Eine gewisse Unbedarftheit macht seine Ergüsse durchaus unterhaltsam, manchmal eher ungewollt amüsant. Dann und wann kommt es sogar vor, dass sie dahinschmelzen, wenn sie seine Gedichte hören, die leichten Mädchen, zu denen er gelegentlich geht, wenn Not am Mann ist. Dann liest er den spärlich bekleideten Frauen, die meist der deutschen Sprache, bis auf ein paar wenige beruflich relevante Begriffe, gar nicht mächtig sind, seine neuesten Werke vor. Das befriedigt ihn und sie lassen es bereitwillig über sich ergehen.

Der Betreiber des Etablissements sagt immer: „Leicht verdientes Geld, Mädels. Heute kommt er wieder, der Sprechblasenfetischist."

Bei seinen seltenen Lesungen in der Öffentlichkeit sitzen ihm vorwiegend schwerere Damen gegenüber, die manchmal nicht nur an seinen Lippen haften. So wie letztens im Pfarrhof die gestockte Annemarie, die Pfarrersköchin. Wie eine Klette ist sie an ihm gehangen. Sie war dermaßen beeindruckt von Philipps Dichtkünsten, dass sie den restlichen Pfarrkaffee keinen Schritt mehr von seiner Seite gewichen ist. Vielsagende Blicke, leichte Berührungen, mitunter direkt aufdringlich. Dem Philipp war das gar nicht so unangenehm, doch dem Herrn Pfarrer, dem ist das natürlich nicht entgangen. Der war davon richtiggehend peinlich berührt und hat die Annemarie bald einmal zur Seite und ins Gebet genommen.

Ein Achterl zu viel vom Messwein und nicht nur ihre Zunge wird locker. Immer dasselbe mit ihr. Eine Spitzenköchin und eine wahre Perle im Pfarrhaushalt, doch ihr leichter Hang zum Alkohol, der ist dem Herrn Pfarrer ein echter Dorn in der Krone. Und dass sie die Männer aus dem Dorf mehr anzieht als die Sonntagsmesse, das sowieso. Da ist sie keine Kostverächterin, die Annemarie. Und es war auch nicht ihr erster Annäherungsversuch an den Philipp. Doch ob der Herr Pfarrer rein pflichtbewusst als Moralapostel oder eher aus Eifersucht dazwischengegangen ist, das weiß nur der liebe Gott.

Leicht hat er es jedenfalls nicht, der Philipp, bei den Frauen mit seiner herausragenden Gesamtkörperlänge von knapp zwei Metern. „Als hätte Liebe leicht was mit Größe zu tun", ärgert sich Philipp, wenn er gerade wieder einmal einen Basketballkorb bekommen hat. Es ist wahrlich ein schwerwiegendes Unterfangen, diesen langen Lulatsch mit dem leicht lyrischen Huscher an die Frau zu bringen. Auch seine letzte Annonce war gelinde gesagt ein Schuss in beide lädierten Knie:

Bist du die, die eine,
die, die ich meine,
jene eine,
die die Liebe nicht auf die leichte Schulter nimmt?
Dann bitte schreibe mir, oh holdes Wesen, und bringe
die ersehnte Erleichterung in dieses mein Leben.

Der Philipp, ein Romantiker mit dem Herzen an der richtigen Stelle. Ist auch pumperlgesund, sein Herz, nur mit dem Hirn hapert's halt ein bissel. Die drei leichten Schlaganfälle sind keinesfalls spurlos an Philipp vorübergegangen. Sie haben nicht nur seinem Denkzentrum zugesetzt, vor allem die linke Nichtschreibhand ist grobmotorisch leicht angeschlagen und feinmotorisch schwer in Unordnung. Doch die Freude darüber, dass es nicht seine rechte Hand erwischt hat, die überwiegt bei Philipp.

Auch Philipps Leichtfüßigkeit leidet unter den Schlägen. Früher, in seinen jungen Jahren, da war er noch leichtathletisch. Kurzstreckenläufe. 100 Meter und 200 Meter, das waren seine bevorzugten Distanzen. Heute, das ganze Leben ein einziger Hürdenlauf.

Ja, er hat es wahrlich nicht leicht, der arme Philipp. Umso mehr wundert er sich, wie sich andere, gesunde Menschen ihr Leben selbst schwer machen. Sie versuchen zwar, mit Lightprodukten gegenzusteuern, aber von wegen federleicht. Raus aus den Federn! Sitzen ist das neue Rauchen. Und Liegen das neue Saufen. So scheint es zumindest. Schon bei den jungen Leuten. Jede Menge Couch-Potatos mit Restful-Feet-Syndrom. Dafür hat er keinerlei Verständnis.

Philipp kocht sich wieder einmal Nudeln. Diesmal Makkaroni. Linguine sind aus. Auch linguistisch klappt heute wieder einmal rein gar nichts.

Hey, Makkaroni

Hey, Makkaroni schmecken um Ecken...
Hey, Makkaroni mit leichter Soße, überbacken mit Käse.
Ach, alles Käse, dabei sind die echt nicht schlecht.
Doch viel lieber mag ich Linguine.
Al dente, nicht hart wie das P von Pinguine.

Es geht einfach nicht. Doch keine Wut deshalb. Ruhig Blut. Der nächste Schlaganfall könnte vielleicht der letzte sein. Deshalb nimmt es Philipp leicht und schreibt:

Das Leben ist schön

Schon schön, wenn man lebt.
Aber lebt man schon schön?
Wenn schon leben, dann schön.
Schön leben schon, aber wenn,
dann kein Wenn und Aber.
Schon ist das Leben schön.

WASS GEHT, WENN NICHTS MEHR GEHT

Herr Wass, ein gehwöhnlicher Mann, der mitten neben dem Leben steht. Tagsüber sitzt er. In seinem gehräumigehn Büro. Warmut Wass. Gehologeh und Schrittmacher. Ein Bewegungsforscher. Im weitesten Sinne ein autodidaktischer Orthopäde. Und davon kann man leben? „Geht grad so", würde Herr Wass antworten, frügeh man ihn. Doch über das Gehhalt von Herrn Wass macht sich niemand wirklich Sorgehn. Die wenigehn Kunden, oder, wie er sagt, seine Patienten, die kommen, die gehen rasch wieder. Auf Anraten von Herrn Wass, versteht sich. Die meisten werden bereits nach dem Erstgehspräch zu Langstreckengehern und suchen das Weite. „Das geht auf keine Kuhhaut", finden die meisten. Er packt die Probleme nicht bei den Hörnern an, sondern geht ihnen aus dem Weg. Und gehnau das empfiehlt er inzwischen auch seinen Patienten. Aus dem Weg gehen. Nicht selten enden die Gehspräche daher mit einem beleidigten „Ja, dann gehen Sie doch, wohin der Pfeffer wächst!" von Herrn

Wass. Diesem Gehheiß leisten die Betroffenen meist auch umgehend Folgeh. Ein zweites Mal geht zum Herrn Wass mit Gehwissheit keiner mehr hin.

Was war gehschehen? Zu Beginn seines gehologischen Werdegangs war Warmut Wass noch voll motiviert, gehradezu übermotiviert. Doch dann diese ungehheuerliche Gehhirnerschütterung vorigehn Sommer, wie er von der Leiter gehfallen und dann über zwei Wochen im Krankenhaus gehlegehn ist. Bei dem Sturz hätte er sich fast das Gehnick gehbrochen, zumindest hat er sich fast alle Rippen gehprellt. Seither geht alles drunter und drüber in seiner Praxis. Es wird gehmunkelt, dass er seit dem Unfall eine gehspaltene Persönlichkeit hat, dabei sind es doch nur seine ständigehn Gehdankenaussetzer, die ihn bereits gehnervt in die Erstgehspräche gehen lassen. Seine Vergehsslichkeit macht ihm zu schaffen. Das gehfällt weder den Patienten noch dem Herrn Wass. Er hätte so gehrne, dass es wieder wie früher gingeh. Auf seine Patienten ebenso zu- wie eingehen, das galt einst als sein oberstes Gehbot.

Es war richtiggehend hip und in, zum Herrn Wass zu gehen. „Was? Du warst noch nicht beim Wass?" Eine Frageh, die in der Schickeria blankes Entsetzen, Unverständnis und hämisches Gehlächter hervorrief und die so an den Prangehr Gehstellten gehhörig in Verlegehnheit brachte. Man sah sich gehwissermaßen gehnötigt, einen raschestmöglichen Termin beim Herrn Wass zu vereinbaren. Alle gingehn sie bei ihm aus und ein und suchten Gehhilfe bei ihm. „Gehen Sie! Bitte, gehen Sie!", das war der damaligeh Werbeslogehn vom Herrn Wass.

Vor allem die weiblichen Kundinnen gingehn ihm reihenweise auf den Leim. Seine treuesten Patientinnen nannte er liebevoll seine „Go-go-Girls" und bei so manch einer Gehspielin nahm Herr Wass das mit dem Schritthalten mitunter nur allzu wörtlich und gab sich ungehhemmt. Gut, vereinzelt fühlten sich die Damen dadurch durchaus ergriffen und gehhätschelt, doch langeh konnte das nicht gut gehen. Würde erst einmal Frau Wass-Warum von den Fremdgehgehrüchten Wind bekommen, seine Ehe würde mit Sicherheit den Bach hinuntergehen. „Fremdgehen geht gar nicht und mit Gehfühlen spielt man nicht", sagt die Frau Wass-Warum. Daheim im Bett ging schon langeh nichts mehr. Lief sie tatsächlich Gehfahr, von ihrem Gehmahl hintergangehn zu werden?

Frau Wass-Warum nahm es recht gehlassen. Wenn nichts mehr geht, dann gehe ich eben, dachte sie sich. Das macht er sonst auch immer, der Warmut. Jeder kleinsten Kleinigkeit geht er aus dem Weg. Geherqualitäten hat er, ihr Mann, meint die Frau Wass-Warum. Jedenfalls, die Gehsine, wie die Frau Wass-Warum vorne rum heißt, die geht jetzt schon seit gehraumer Zeit mit einem anderen. Einen Facharzt für Gehriatrie hat sie sich gehschnappt. Diesen Doktor Wehr, einen gehfragten Arzt im Gehsundheitszentrum Gehrasdorf. Der wird jetzt gehwaltig angehhimmelt von der Gehsine. „Gleiches Recht für alle", sagt Frau Wass-Warum. Sie hat gehnug. „Wenn mein Mann sich einbildet, eine Gehliebte zu brauchen, dann gehnehmigeh auch ich mir einen neuen Gehfährten."

Tja, da hat der Herr Wass den Gehpunkt wohl übersehen. Allerdings nicht zum ersten Mal. Oder vielleicht war das Ganze gar gehwollt. Arbeit, Arbeit, Arbeit. Die Arbeit geht vor. Nichts Ungehwöhnliches. Nicht gehrade ein Einzelfall. Aber was geht das die anderen an? Das ist doch ihre Sache. Gehhörnte Ehefrau oder gehhörnter Ehemann hin oder her. Wenn es nicht mehr geht, sollen sie doch auseinandergehen. Gehschiedene Leute. Ganz ohne Gehtue. Dann wird Schluss gehmacht. Ein Strich drunter gehzogehn. Dass es so weit gehkommen ist, da gehhören gehwiss zwei dazu. Aus und vorbei. Sie gehen nun gehtrennte Wegeh. Herr Wass und Frau Wass-Warum. Angehende Wehr-Warum.

Nichts geht mehr.

ZWEIFELHAFTER ZWISCHENRUF

Unter Umständen wird zur nun erreichten Mitte des Buchs langsam der Ruf nach dem Usambaraveilchenstreichler laut. Wer ist das? Was macht der? Warum streichelt er? Da muss ich Sie leider herb, vielleicht sogar edelbitter enttäuschen. Der ist auf seinem Weg zum Südpol verschollen. Soll heißen, dieser Haubentaucher hat sich eine schuppige Scholle angelacht und ist mit ihr unter der Polkappe abgetaucht. Zugegeben, ein ungleiches Paar. Es könnte durchaus sein, dass diese Verpartnerung annulliert und „für die Fisch" erklärt wird. Aber bitte bleiben Sie ruhig und lassen Sie sich keinen Eisbären aufbinden. Es gibt zwar einen Weg, den Südpol auch, aber keinen Usambaraveilchenstreichler. Zumindest nicht in diesem Buch.

Alles frei erfunden. Bis auf dieses kleine Körnchen Wahrheit vielleicht, das gelegentlich ganz schön aufreibend sein und wehtun kann. Vor allem, wenn äußere Werte innen vor bleiben.

Doch Schluss mit Kieme und Korn, niemand möchte Sie schießen. Glauben Sie mir, Sie können hier und jetzt aufhören, diesem ominösen Usambaraveilchenstreichler hinterherzujagen. Sollte Ihre Enttäuschung darüber an dieser Stelle zu groß sein, besteht zwar keine Geld-zurück-Garantie, ich kann Ihnen jedoch den Tipp geben, das Buch zum halben Preis weiterzuverkaufen. Denn auch wenn Sie nicht auf meinen Rat hören und unbekümmert weiterlesen, Sie werden niemals erfahren, wer der Usambaraveilchenstreichler ist. Ich bin es jedenfalls nicht. Aber ich merke schon, das bewegt Sie. Und das bewegt mich dazu, Ihnen doch noch einen kurzen Wegweis zu geben. Mir ist klar, dieser Weg könnte leichter sein. Ist er aber nicht. Dafür führt er Sie direkt zu mir:

www.gerhardbenignialleineistdochvielzukurzalshome pagename.at

HÄUPTER MIT KRONEN, GUIDO MIT UUUIIIIIII UND SIMON MIT E

Morgens rekle ich mich in meinem King-Size-Bett in meinem geliebten gestreiften Flanellpyjama von Hennes & Mauritz. Es war wieder eine traumhafte Nacht unter dieser exklusiven Glanzsatinbettwäsche von Schlossberg, Modell Windsor, aus ägyptischer Baumwolle. Natürlich farblich abgestimmt auf meinen Kuschelpyjama. Wenn das nicht zusammenpasst, quälen mich die schlimmsten Albträume. Da huschen dann lauter korpulente Frauen in potthässlichen Leggings durchs Schlafzimmer. Wie aufgedunsene Bratschläuche sehen die untenrum aus. Furchtbar. Aber an der Taille macht das Grauen längst nicht halt. Geschminkt sind die vielleicht. Sagt mal, ist denn heut' schon Halloween? Und dann umzingeln mich diese kriegsbemalten Königsberger Klopse auch noch. Ja, so grotesk sind sie, meine feuchten, vielmehr schweißdurchnässten Reality Dreams. Die machen mich fix und alle. Aber als

Modepapst der Fashionnation achte ich klarerweise peinlichst genau darauf, dass der Stoff meiner Träume ein anderer ist. Selbstverständlich frühstücke ich auch in meinem Flanelli, denn dieses wohlige Wohlfühlgefühl vermittelt mir sonst kein Kleidungsstück. Ganz abgesehen davon ein perfekter Start in meinen modischen Alltag. Untertags heißt es dann ohnehin wieder, mich anzüglich zu geben. Und damit meine ich nicht meine ätzenden Kommentare ober- und unterhalb der Gürtellinie bei den Aufzeichnungen zu „Shopping Queen", sondern meinen großen Schwarzen. Davon hab' ich mehrere. Selber mach' ich's mir recht einfach, schwarz in schwarz. Schwarzer Anzug, schwarzes Hemd, schwarze Socken, schwarzer... nein, Moment, alles verrate ich euch nun auch wieder nicht. Ach, was bin ich heute wieder eine Plaudertasche. Bestimmt kein passendes Täschchen am frühen Morgen, so kurz nach elf.

Bunte Gewänder überlasse ich jedenfalls dem gemeinen Volk. Es bunt zu treiben, das ist mehr was für den Pöbel von der Straße. Bei dem geht es dann meist drunter und drüber. Das ist in Sachen Kleidung zwar durchaus gewollt und macht vielfach auch Sinn, aber die Farbkombinationen, mit denen sich manche außer Haus wagen, schrecklich, einfach schrecklich. Eine optische Umweltverschmutzung sondergleichen. Ich würd' euch nicht so gehen lassen wie ihr euch selbst, denke ich mir dann immer, wenn mir auf dem Weg zur Arbeit wieder so papageienartig gekleidete Frauen begegnen. Denen würde ich am liebsten sofort die

Kleider vom Leib reißen und ein Einzelcoaching verpassen, aber ich muss ja auf Sendung. Mittlerweile nehme ich meine Versace-Sonnenbrille in der U-Bahn gar nicht mehr ab. Das hilft zumindest ein wenig gegen diese grellen Farben, die ringsum mein Auge beleidigen. Das Schlimme ist nur, wenn ich im Studio ankomme, nehmen die Schreckfarben ihren Lauf. Eine Modesünde nach der anderen, rein farblich, vom Schnitt rede ich erst gar nicht. Obwohl, Geschichten könnte ich euch da erzählen. Da wird aus einer Never Ending Story ein Never Ending Styling. Styling scheint für viele ein echtes Fremdwort zu sein. Da ist selten eine bei, die mit ihrer Farbwahl bei mir ins Schwarze trifft. Aber ich höre nicht auf, diese beratungsresistenten Tanten zu maßregeln. Das ist zu tief in mir drin. Ich muss die Welt einfach ein wenig verschönern. Und dazu gehören für mich nun mal Ladys in schicken Klamotten. Das kann doch nicht so schwer sein. Ich bitte euch.

Oh, mein Gottchen, die Aufnahmeleiterin. Was trägt denn die heute wieder für einen Fetzen? Neonpink ist dagegen blass. Und der Hüftspeck, der quillt seitlich über. Wie eine Chorizo schaut die aus, nur ohne Wumms. Das ist gar nicht hip. Donnerlittchen, Samantha, wie oft hab' ich dir schon gesagt, was zu dir passt!? So was kannst du nicht bringen. Auch wenn du nicht vor der Kamera stehst. Mit dem Fummel wirst du mit Sicherheit kein zweites Mal schwanger, das kannst du dir abschminken. Nur die Madame hört ja nicht auf mich. Klar, der Prophet im eigenen Land... Aber am Set von „Shopping Queen", da erwarte ich mir schon mehr Style, Schätzchen, und dein Rumgezicke, das kannst du dir schenken. Also lange drücke ich das nicht mehr durch. Die hat nun echt nicht an der „Vogue" geleckt. Vor allem redet diese Tussi auch noch beim Casting mit und läuft selber im Schlabberlook rum. Geht gar nicht. Da menstruiert mein Designerherz. Aber, bleib cool, Guido, du musst auf Sendung. Sitzen meine Haare, Brenda? Was macht mein Teint? Ich will wie immer glänzen, aber nicht auf der Stirn. Ist da wohl kein Schüppchen auf meinem schwarzen Sakko? „Shopping Queen", Staffel 6, Folge 3, Aufnahme läuft...

Ach, du liebes Lottchen, das war wieder ein Chaos am Set. Keine Spur von Glanz und Glamour, eher ein Sodom und Gomorrha. Auch nicht wirklich. Jedenfalls bin ich wie immer dagesessen, hab' mir diese shoppinggeilen Wuchtbrummen angeguckt und dann mein Urteil zu den Mottoverfehlungen abgegeben. Ich sag's mal so: Wenn ich das sagen würde, was ich mir wirklich denke, das würde VOX nie senden. Never ever. Aber so verkackt, wie die sich stylen. Manche von denen wälzen sich wie adipöse Walrosse über den Catwalk. Huch, das will niemand hören vom Guido. Dabei ist's doch wahr. Im Vergleich dazu ist Miss Piggy ein Magermodel. Da bekommt man echt sein Fett weg am Set. Als wäre ich schuld dran, dass die Mädels mitunter ein paar Pfündchen zu viel auf den Rippchen lagern und sich die Bluse dann umständehalber zum Tonnengewölbe formt. Da kann ich doch nichts für. Und dann noch dieses nervige Team im Studio. Heute hat wieder mal nichts geklappt. Ich werf' echt bald das Handtuch. Dann macht der Guido winke, winke und sagt Tschüssikowski als Moderatmoderator. Aber einen Auftrag ziehe ich noch durch. Der ist allerdings streng geheim. Stilechte Beratung für ein Königshaus. Vom Adel verpflichtet. Alles topsecret. Ganz ohne „Shopping Queen"-Team versteht sich. Nur ich und der Prinz. Der Kleine ist echt verzweifelt. Der ist ganz von der Rolle. Wenn ihr wüsstet... Wie hat er zu mir am Telefon gesagt? „Ich hab' die Prinzenrolle satt. Ich schmeiß' alles hin und wird' Prinzessin!" Ich weiß, ich sollte es für mich behalten, aber ich kann nicht anders. Der Auftrag ist einfach zu crazy. Ganz großes Kino. Hört euch das bitte schön mal an, meine Lieben!

Da ist dieser Prinz Simon aus dem Geschlecht der De-Beukelaers, uralter belgischer Fritten- und Gebäckadel, durchlauchte „Pommes de Terre", der mit seinem Schicksal hadert. Ein armes Kerlchen. Als Sohn von König Robbe und Königin Camille wurde er mitten in den belgischen Hofstaat hineingeboren. Damit galt es für Klein-Simon bereits sehr früh, zu lernen, seinen Mann zu stehen. Als kleinem Prinzen fiel ihm das unter der royalen Obhut seiner Eltern noch leicht. Auch das ganze Theater mit diesem hofnärrischen Zeremoniell, Schickischnösel von und zu und sowieso nahm er damals recht gelassen. Doch mit der Zeit hat Simon immer mehr gemerkt, dass ihm die Prinzenrolle so ganz und gar nicht auf den Leib geschneidert ist. Die anderen Buben in seinem Alter, ein Haufen rolliger Frischlinge, die vergnügen sich mit den feschen Mädchen aus der Gegend, während Simon, ich kann ihn nur zu gut verstehen, den unweigerlichen Drang in sich verspürt, lieber jungen Männern den Hof zu machen. Ist er nicht lieb, der kleine Racker? Kein Verlangen nach sprießenden Knöspchen, dafür hinter jeder Hose her, das süße Prinzregentenschnittchen. Doch erst mal die rosa Brille abgesetzt sitzt er ganz schön in der Bredouille mit seinem kronischen Leiden. Seine angeborene Blaublütigkeit, durch die er in seinen privaten Aktivitäten von Königshaus aus massiv eingeschränkt ist, die macht ihm schon gewaltig zu schaffen, aber dass nun auch noch diese Warmblütigkeit sein Leben erschweren soll, das bringt den smarten Simon vollkommen aus der Fassung. Er hat mir erzählt, dass seine Eltern sich bereits für ihn am europäischen Heiratsmarkt in Adelskreisen um eine geeignete Prinzessin umsehen. Unvorstellbar, er im Anzug zur Hochzeit. Niemals, das traue ich mich steif und fest zu behaupten. Denn Simon probiert immer wieder heimlich die schönsten Fummel seiner Mutter an. Ich sag's euch, meine Lieben, das macht das Prinzchen ganz wuschig. Das weckt die Frau im Manne. Da muss sich wohl seinerzeit ein verkapptes X-Chromosömchen zu viel reingeschummelt haben ins majestätische Ejakulat, dass aus dem Jungen ein Kleidermann geworden ist. Die groß gewachsene, schlanke Königin Camille hortet jede Menge wunderschöne Roben in ihrem Kleiderschrank. Ach, was sage ich, in ihrem gigantischen Ankleidezimmer. Wie der Simon davon schwärmt, eine wahre Fundgrube für ihn. Und damit er sich weder im Farbton vergreift noch im Schnitt sich Irrungen und Wirrungen ergeben, hat er mich als seinen persönlichen Shoppingberater auserkoren. Als glühender Fan von „Shopping Queen" bin ich seine erste Wahl. Wer kann ihm das verdenken? Er will nun mal keine Kleidung von der Stange. Ach, diese Zuckerstange, ja, leck' mich doch am... Fass dich kurz, Guido, dem jungen Mann will geholfen werden. Dem halte ich schon die Stange. Na, wenn ihn nur niemand dabei erwischt, wie er im Palast in Frauenkleidern rumrennt. Ich find' sie ja zum Anbeißen, die Fotos, die er mir vorab schon mal gemailt hat. Im Kleidchen, im kurzen Röckchen, ach, Kinder, ein wahrer Augenschmaus.

Seinen Eltern gegenüber verheimlicht er seine Neigungen. Irgendwie schämt er sich dafür. Von Zeit zu Zeit glaubt er gar, einen Hofknacks abbekommen zu haben und nicht ganz normal zu sein. Man hat's auch wirklich nicht leicht, ständig im Rampenlicht zu stehen. Außer man ist so eine wilde Rampensau wie ich. Kurz gesagt, es fällt dem femininen Jüngling einfach schwer, dazu zu stehen. Diesen Teil seines Körpers kann er nicht ausstehen. Simon weiß damit nichts Rechtes anzufangen. Aber immerhin ist er nun bereits fast 17 Jahr' und blondes Haar krönt sein Haupt. Der ist aber auch ein Schnuckelchen, dieser Simon. Die gute Camille, als Königin on top, als Mutter voll unten durch, die ist sich sicher, dass sich die Prinzessinnen quer durch Europa alle zehn Finger abschlecken würden, und wohl nicht nur die, wenn sie ihren Simon erst mal in selbige bekommen würden. Doch was in Simon vorgeht, oder eben gerade nicht in ihm, nachdem er sich seinen Eltern gegenüber nach wie vor bedeckt hält, davon ahnt dieses aufs Protokoll getrimmte Königspack natürlich nichts. Ob einer von denen wohl selbst morgens mit dem Königspudel Pipi machen geht? Sei's drum, meine Lieben, ihren Sohn glauben die zwei nur zu gut zu kennen. Aber nicht um die Burg, die Rabeneltern, die wissen längst nicht alles und schon gar nichts über seine Sehnsüchte. Ja, wie sollten sie denn auch? Bei den offiziellen Empfängen und Terminen, da gibt sich der Simon gezwungenermaßen stets staatsmännisch hetero, präsentiert sich im feinsten Zwirn, bindet immer brav seine Krawatte. Kurzum, er macht den DeBeukelaers alle Ehre und lässt sich nichts anmerken. Auch wenn ihm das alles auf den Keks geht.

Mächtig genervt ist er von alldem. Ich würd' ihm raten, endlich mal Mode zu machen. Ha, kleines Scherzchen aber auch. Der zerbricht sich doch sonst noch sein hübsches Prinzenköpflein, wenn er sich laufend solche unsinnigen Gedanken macht. Womöglich würden ihn seine Eltern vom Hofe jagen, ihm den Thron unter seinem reizenden Hintern wegziehen, ihn unter Umständen gar enterben, nachdem er nicht gewillt ist, sich standesgemäß zu binden und aktiv für die deBeuklaersche Thronfolge einzustehen. Eine verklemmte Situation, in der sich der pubertierende Spross da befindet. In seiner Haut möchte ich nicht stecken, wobei... Sachlich bleiben, Guido, reiß dich am Riemen, immerhin ist der Kunde König, auch wenn es ein Prinz ist. Sein Ich-bin-als-Frau-im-falschen-Körper-geborenworden-Outing soll jedenfalls perfekt inszeniert über die Bühne gehen. Darauf legt der kesse Schlingel besonderen Wert. Geht es nach mir, liebend gerne. Nach jahrhundertelanger gelebter und überlebter Inzucht werden die das auch überleben. Das wär' doch gelacht, wenn das bumsfidele Adelsgeschlecht so eine kleine Geschlechtsumwandlung nicht durchdrückt. Dann wär's ohnehin besser, wenn die sich nur noch untereinander beflecken. Für sein Coming-out hegt der Simon bereits einen fulminanten Plan. Nächsten Monat, da heiratet seine Schwester, die Prinzessin Lea, diese Kackpratze Prinz Schwermuth von Schaumgummi-Hippe, obwohl schon vor Jahren Prinz Lambert von Keksen-Anhalt mehrfach offiziell um ihre Hand angehalten hat. Allein schon wegen der ollen Namen würde ich mir mit keinem von den beiden was anfangen. Doch dem Simon ist das herzlich egal. Hauptsache, es gibt ein maßloses Tamtam rund um die Adelshochzeit. Sämtliche Fernsehstationen werden darüber berichten. Und mittendrin Simon mit e, er als sie. Für diesen Anlass möchte sie sich eigens von mir ein herrliches Kleid designen lassen. In zartem Rosé, mit Spitze, über und über bestickt mit Swarovski-Steinchen. Na ja, meins wär's ja nicht, aber bitte. Sie will sich an diesem Tag wie eine Prinzessin fühlen in ihrem Guido-Maria-Kretschmer-Chiffonfunkelglitzerkleid. Sie sieht schon die Schlagzeilen vor sich: „Royale Hochzeit: Prinzessin Simone stiehlt Prinzessin Lea die Show". Und sie hat für sich selbst noch folgenden Zusatz dazugesetzt: „Operation gelungen".

Kinder, so einen Auftrag darf man sich doch nicht durch die Lappen gehen lassen. So viel können diese Möchtegernqueens gar nicht shoppen und verflixt und zugenäht auch nicht geschickt einfädeln, als dass ich da nicht an vorderster Front mitwirken würde. Wie bescheuert müsste ich denn sein, mir damit kein goldenes Näselchen zu verdienen? Das gibt doch bestimmt Folgeaufträge in ganz Belle Belgique. Aber bevor ich jetzt den Faden verliere und noch mehr aus dem Nähkästchen plaudere, wird sich mit Sicherheit wieder einmal bewahrheiten, was ich immer sage: Kleider machen Leute.

Ich mach' mich lieber gleich ran ans Hochzeitskleid, schließlich muss am Tag der Tage alles tippitoppi passen, nicht dass mir das frisch gebackene Prinzesschen als Rollbraten auf drei Etagen daherkommt. Mit textilen Verhütungsmitteln werde ich bei „Shopping Queen" schon genug belästigt. Aber beim Auftritt von der lieblichen Simone, da will ich, dass es nicht nur mir warm ums Herz wird. Wir werden als „Der bestdressed Prinz alive und sein taffes Schneiderlein" in die europäische Adelsgeschichte eingehen. Dafür gibt's von mir 10 Punkte.

FETAMORPHOSEN
EINES GRIECHENLANDNEULINGS

Tag 1: Das Speibsackerl-Mysterium, weil Tomatensaft trinkt ja eh jeder...

Die Anreise mit den Österreichischen Bundesbahnen von Villach nach Salzburg geht recht zügig voran. Die letzten zwei Waggons des Zugs sind reserviert für eine („Bitte beachten Sie die Bahnsteigdurchsage!") Reisegruppe aus Syrien. Nach der beinahe pünktlichen Ankunft am Hauptbahnhof Salzburg bahnen meine Freundin Karin und ich uns durch weitere syrische Menschenmengen den Weg zur Bushaltestelle. Es gilt, umgehend zum Wolfgang Amadeus Mozart zu pilgern. Schließlich muss jedermann dorthin, der in dieser Stadt abheben möchte.

Dritte Reihe beim Einchecken, zehnte Reihe im Flieger. Macht zusammen 13. Na toll, wir werden abstürzen!

Wir entschließen uns dennoch, an Bord der Maschine zu gehen. Sommerakademie auf Zakynthos, wir kommen. Zielstrebig die uns zugewiesene Reihe mit Tageszeitung und Wochenmagazin nach Wahl ausgestattet anvisiert, kurzerhand das Handgepäck verstaut und den Gurt angelegt. Abhubbereitschaft hergestellt. Währenddessen füllt sich der Airbus A320 nach und nach. Der ältere, mit Kameratasche bewaffnete Herr besucht, davon gehe ich einmal aus, den Fotoworkshop, seine ihm Angetraute töpfert derweil formvollendete Diskusse in den griechischen Landesfarben. Weitere mutmaßliche Sommerakademisten beiderlei Geschlechts kann ich vorerst nicht ausmachen.

Vor uns, in einer Reihe aufgefädelt, wurde eine antike vierköpfige Tarockrunde platziert. Die runden Mitglieder sind allesamt weiblich und zusammen ohne Zweifel 320. Wie der Airbus A320, allerdings mindestens. Auch vom Gesamtgewicht her wird auf die 320 nicht viel fehlen, münden meine Gedanken abermals in ausgeklügelten Zahlenspielen. Sehr interessant, zu beobachten, wie eine nach der anderen des verwitweten Viergestirns vom großzügig ausgeschenkten Kattus-Sekt in die Enge der Flugzeugtoilette getrieben wird. „Pfiat di Gott, Lackerl!" Danach sitzt es sich erleichtert. Und auch das Gequassel scheint leichter von der Zunge zu gehen, wenn auch nicht mehr ausgesprochen deutlich. Die vom Bordpersonal als profanes Putenweckerl abgetane ofenheiße DO & CO-Luxusrolle mit mediterran angehauchter Schinken-Champignon-Tomaten-Fülle mundet indes vorzüglich.

Plötzlich kündigt der Pilot unter uns Split an. Ob es denn schon schneit auf der Rollbahn? Doch das ist einerlei. Unser Ziel lautet Zakynthos. Draußen ist es bereits stockfinster geworden. Hoffentlich landet der Pilot auf der richtigen Insel. Laotse hat gesagt: „Der Weg ist das Ziel." Oder war das Navi?

Kurzer Sprung zurück auf die Schienen: Beim Anblick der rot in roten Flugbegleiterinnen erinnere ich mich an das Outfit der kaffeeofferierenden Schienenstewardess vom Henry. Ich wusste doch, dass ich das Rot ihrer Uniformen von irgendwoher kenne. Jetzt ist alles klar. Während ich noch über eine Kooperation zwischen ÖBB und AUA nachgrüble, verpasst Karin der Serviererin spontan den Namen Henriette. Auf eine Kaffeeheißschale von Henriettes Tablett verzichte ich, die Tasten meines Tablets glühen ohnehin bereits. AUA-rote Strümpfe, das tut weh in den Augen. Egal ob auf Gleiskörpern oder in luftiger Höhe. Abgehoben geht es nun auch wieder weiter.

Die perlenbearmbandete Dame jenseits des Ganges, ich schätze sie im Stillen auf 70, was ihr laut ausgesprochen bestimmt schmeicheln würde, lernt seit dem Start das Bordmagazin auswendig. Sie verschlingt es wie das Schmankerl vom DO & CO, das sie mit ausreichend Weißwein nachspült. Das „We fly for your smile" sucht man in ihrem faltigen Gesicht vergebens. In der Reihe hinter uns ein ranghoher Polizeibeamter aus Villach. Das nenne ich mal Flugsicherung. Der Kerl sitzt mir im Übrigen nicht das erste Mal im Nacken.

Lang ist's her, da hat er mich und ein paar Jährchen später Karin doch glatt bei der praktischen Führerscheinprüfung durchfallen lassen. Mich wegen einem ignorierten Stoppschild. Absolut lächerlich. Und Karin, weil sie einem Traktor seiner Ansicht nach zu lange durch die halbe Stadt gefolgt war. Eine Traktorüberholpflicht gibt es meines Wissens bis heute nicht, doch beides ist mittlerweile längst verjährt. Wir freuen uns jedenfalls sehr über die postwendend geglückte Retourkutsche, denn heute fliegt nämlich er.

Ein erneuter Blick aus dem Fenster. Der Mond sichelt vor sich hin. Bei Allah, sind wir etwa doch am Flug nach Istanbul? Endlich meldet sich der Pilot wieder zu Wort. Ich habe schon befürchtet, er verschläft die Landung ebenso wie meine Freundin neben mir. Der Pilot heißt Christian. Warum er dennoch die Kevin-Crew zur Vorbereitung auf die Landung auffordert, ist mir schleierhaft. Weiter hinterfragenswürdig finde ich es jedoch nicht. Kurz darauf erfolgt ein ruckartiges Aufsetzen ohne besondere Vorkommnisse. Ein pauschales Klatschen bleibt aus. Auch von euphorischen Zicke-Zacke-Zicke-Zacke-Zakynthos-Rufen wird gruppendynamisch Abstand genommen. Heu-Heu-Heureka! Ich hab's!

Meine Erkenntnis des Tages: Auf Speibsackerln lassen sich ganze Sätze schreiben, nicht nur gebrochenes Deutsch.

Tag 2: Superkalifragilistischexpiallegorisch

Manchmal sind meine Gedanken unausgereift grün. So hat mich die gestrige Taxifahrt vom Flughafen nach Vasilikos an die Wiener Vizebürgermeisterin erinnert. Heute sieht die Sache schon ganz anders aus. Ich bin ausgeschlafen, meine abendlichen Gedanken haben einen politischen Grexit vollzogen und ich freue mich bereits auf den ersten Schreibkurs. In gut acht Stunden wird es so weit sein. Es ist 04:37 Uhr.

Habe ich geschrieben, dass ich ausgeschlafen bin? Danach kräht doch kein Hahn. Offenhörlich bin ich aber nicht die einzige griechische Nachteule. Die lauten Geräusche aus dem ersten Stock lassen auf sirtakigeile Tanzkursteilnehmer schließen, die soeben eine verspätete Mitternachtseinlage zum Besten geben. Nach Morgensex hört es sich jedenfalls nicht an. Vielleicht sind es, abgesehen vom Lärm (von wegen alles Gute kommt von oben), aber auch nur die tomatisierten Hackfleischbällchen mit Pommes, die ich mir gestern gegen 23:00 Uhr in der Taverne zu Beginn der griechischen Woche noch eingeworfen habe, die mich zu dieser selbst für griechische Verhältnisse unorthodoxen Zeit wach liegen lassen. 04:44 Uhr. Motorengeräusche. Wie daheim, denke ich. Auch die griechischen Zeitungsausträger sind Frühaufsteher. Möglicherweise ist meine Schlaflosigkeit aber auch psychosomnatisch bedingt. Gleich 05:00 Uhr. Wann geht hier die Sonne auf?

Das erste Inselfrühstück gestaltet sich eigenbrötlerisch und koffeintechnisch als schnelle Lösung. Der anschließende Gang zum Supermarkt verspricht für die kommenden Tage ein Mehr an Abwechslungsreichtum auf dem Frühstückstisch. WLANisiert frische ich im Pavillon Artina meine Griechischkenntnisse auf und merke mir die wichtigsten Begriffe, wie zum Beispiel Kalimera. Guten Morgen oder guten Tag. Kalispera. Guten Abend. Kalinichta. Gute Nacht. Kalifornia. Guter Ofen. Kaligrafie. Guter Schreiber. Die kurze Selbstbeweihräucherung tut ausgesprochen gut. Danach geht es ab an den Strand. Das türkisblaue Meer ist zwar nicht die Ägäis, aber keine Spur minder salzig. Nach einer dezenten Abkühlung im feuchten Nass verlieren sich unsere Spuren im Sand. Siesta ist angesagt. Oder wie man halt in Griechenland dazu sagt.

Wieder bei Kräften geht es pünktlichst um 13:00 Uhr in den kleinen Pavillon, um endlich die ersten Verschriftlichungen zu Papier zu bringen. Der Kursleiter gibt uns als Schreibaufgabe, einen Beruf zu erfinden, den es nicht gibt, und diesen zu beschreiben. Meine Wahl fällt auf den Berufsstand des Zwetschkenrösters. Die Beschreibung macht Laune und erweist sich als sehr fruchtbar. Die anderen finden das Ganze süß. Der restliche Nachmittag verläuft heiß, aber ruhig. Es wird weitergeröstet. Diesmal in der Sonne. Gegen 17:30 Uhr bilden 29 Personen und ein Hund im Amphitheater einen Feldenkreis. Sie sitzen regungslos auf mit Handtüchern bedeckten Matten herum und hören dem Trainer, der in Feldenkreisen Practitioner heißt, zu, wie er über Bewegungen spricht. Er hält keine Wahlkampfrede, denn es handelt sich um keine politische Bewegung, vielmehr geht es bei Feldenkrais schlicht und ergreifend um die körperliche Motorik. Auf dem voll belegten Boden des Amphitheaters staut es sich gewaltig. Wäre die Amphibie seinerzeit nicht in offener Bauweise errichtet worden, sondern als geschlossener Feldenkreißsaal, könnte man von der Zuschauertribüne aus auf den ersten Blick meinen, einer Schlichtung von Ölsardinen beizuwohnen. Unbewegte Bilder in meinem Kopf. Profilierte Bodenhaftung belegt die reduzierte Regsamkeit. Bei genauerem Hinsehen bemerkt man, dass sich auch einige bewegungsskeptische Rollmöpse im feldenkraisschen Zirkel breitgemacht haben. Die erklärten Bewegungsabläufe werden von allen mehr oder minder behände ausgeführt, niemand entschlummert dabei endgültig. Auch Karin hat tapfer durchgehalten. Gleich darauf gilt es, den Feldenkreis raschest zu verlassen und einen geordneten Rückzug einzuleiten. Im Anschluss werden nämlich griechische Standardtänze unter der Anleitung eines männlichen Choreopathen aufs Parkett des Amphitheaters geschmettert. So sehr ich mich darauf im Vorfeld auch bereits gefreut habe, leider habe ich Schussel meine Tanzeinlagen zu Hause vergessen. Bevor der griechische Lord of the Dance jetzt mit dem Musical „Greece" die Sohlen zum Glühen bringt, suchen wir das Weite. Der erste flugfreie Urlaubsabend endet gemütlich in fußfreundlichen Sandalen im wenige Schritte entfernten Coffee Shop.

Meine Erkenntnis des Tages: Griechenland ist nicht Holland.

Tag 3: „Kalimera, Calimero!" – die bewegende Geschichte aus dem harten Leben eines verunglückten Frühstückseis

Es braucht keine Weichmacher, um ein Frühstücksei al dente zu kochen. Dazu reichen drei Minuten völlig aus. Allerdings nehmen es die Griechen mit der Zeit nicht ganz so genau, wovon man mit der Zeit, in meinem Fall bereits am dritten Urlaubstag deutlich spürbar, vollkommen eingenommen wird. Anders kann ich mir die verhärteten Strukturen meines zugegebenermaßen etwas zeitgefühllos dem Wasserbad entnommenen Frühstückseis nicht erklären. „Es ist hart, ein Ei zu sein", hat sich in meinen Gedanken festgebissen. Eben noch weich gebettet rege ich mich über das harte Los zur frühmorgendlichen Stunde jedoch nicht weiter auf und löffle mein Ei mit Messer und Gabel. In Selbsttröstung rede ich mir dabei ein, dass das Gelbe vom Ei nicht hart verdient war. Den restlichen Tag gehe ich bewusst lockerer an. Vielleicht ein wenig auf den Spuren der großen alten griechischen Philosophen wandeln. Sokrates mir der Hahn gerade ins Ohr. Das kommt davon, wenn man vor den Hühnern aufsteht. Damit wäre auch bewiesen: Das Huhn war zuerst da. Ich brauche jetzt erst mal einen zweiten Kaffee.

Beim anschließenden Sprung in die Salzlauge definiert sich für mich der Begriff des stehenden Gewässers neu. Weitere 42 Meter vom Strand entfernt steht mir das Wasser immer noch nicht bis zum Hals. Etwas später quert ein Strandverkäufer mit Sonnenbrillen und Liegetüchern, welch ausgefuchste Kombination, unseren Weg. Ich kaufe nichts, frage mich aber, wie lange es dauern wird, bis wir einem seiner Kollegen begegnen werden. Einem von jener Sorte, die einem den eigenen Namen auf ein Sandkorn schreiben. Als wäre ich zu dumm, mir diesen ohne so einen Kornspeicher zu merken. Doch kein Sandkornschreiberling weit und breit in Sicht. Kurze Zeit darauf verlassen wir den Strand ohne Geld. Wir hatten allerdings auch gar keines mit.

Meine Erkenntnis des Tages: Beim Ei des Ovalis. Ein weiches Ei kocht exakt drei Minuten. Das gilt auch für Eilandeier.

Tag 4: Jo kreizkruzifix, schau, dosd weidakimmst, wos wor denn heit bloß mitm Dieter los? Is der am End wo o'grennt, frog i mi fei, ha?

In der Früh führe ich mit Karin eine Acryldebatte. „Acryl, ja oder nein?" lautet die konkrete Frage. „Manche Dinge möchte man nicht einmal aufgemalt haben", versuche ich anfangs, dagegen zu argumentieren. Mit fortschreitender Diskussion wehre ich mich dann immer weniger gegen Acryl. Knappe zwei Stunden später bleibt festzustellen: Im Nachhinein betrachtet schaut das Bild wie ein gewaltiger Lackschaden und ganz schön scheiße aus. Wir sind nach dem Malen aber immerhin beide um eine weltbewegende Erfahrung reicher. Vom Leben Gezeichnete brauchen Acryl.

Vom Acryl ist es nicht weit zum Aquarell. Am Rande des Pavillons wohnen wir den restlichen Vormittag pinsellos dahinWLANend dem verwässerten Aquarellkurs bei. Es ist für mich als Autor wesentlich spannender, die Teilnehmenden zu beobachten, zu belauschen und, ohne Namen oder nähere Details zu erwähnen, so bildhaft wie möglich zu beschreiben. Kaum hingesetzt nehme ich den Satz einer konzentriert malenden Dame zwar völlig aus dem Zusammenhang gerissen auf, dennoch frage ich mich spontan, ob sie wohl den richtigen Kurs gewählt hat. Sie sagt mit entsprechender Bestimmtheit, abwechselnd auf ihr bislang Gemaltes und das still vor sich hin lebende Motiv starrend: „Diese Orange haut mich nicht vom Hocker." Der aufmerksame Kursleiter hat sofort einen wertvollen Tipp parat: „Schau einmal, hier auf der Vorlage, die Anatomie der Katze. Der Schwanz der Katze ist eng verbunden mit dem Hintern. Du hast das irgendwie getrennt. Ich verstehe schon, du hast dich von der Orange inspirieren lassen." Nicht nur meine Verwirrung ist groß. Als malerisches Ergebnis stelle ich mir, ohne es sehen zu können, kurzzeitig eine kugelrunde Katze in Orangetönen mit anschraubbarem Anbauschwanz vor, ehe sich der Kursleiter bei einem weiteren Teilnehmer wie folgt zu dessen Landschaftsaquarell, das für mich aus sicherer Entfernung aus geschätzten zwei Dritteln Himmel und einem Drittel Meer zu bestehen scheint, äußert: „Hier sind wir schon in Norwegen. Das ist nicht Griechenland. Aber wir sind ja auch nicht in der EU." Recht trocken, diese Bemerkung, für einen Aquarellkurs, denke ich mir, bevor ein kleiner Mittagssnack, der als „Octupus in Essigrainiagrette" in der Speisekarte angepriesen wird, die Wartezeit aufs heutige Schreiben verkürzt.

Auf dem Weg zum Schreibkurs kommen uns zwei Halbwilde auf Leihquads entgegen. Die Helmpflicht gilt hier sichtlich ebenso wenig, wie die 0,5-Promille-Grenze in diesem Land Ouzo ist. Der Schreibkurs selbst, diesmal zum Thema „Rausch", wird gleich zu Beginn zum Rausch der Gefühle. Der Kurs verläuft von Anfang an kursiv, viel mehr schräg. Ein vorzeitiges Ende scheint sich für Karin und mich abzuzeichnen. Eigenartig, Abzeichnen im Schreibkurs? Ob wir vielleicht doch besser beim Malen aufgehoben wären? Jedenfalls haben das Verlassen und das künftige Fernbleiben vom Schreibkurs für mich einen äußerst positiven Nebeneffekt: Ich wäre mit Schreibkurs in dieser Woche bei Weitem nicht so viel zum Schreiben gekommen wie ohne.

Der spätere Nachmittag bringt eine interessante Begegnung mit sich: Der Mann mit der Glatze, dem Schnauzer und der Tageszeitung, der ganz alleine da drüben am Tisch in der Ecke sitzt, lächelt zufrieden die Schlagzeilen weg. Das Dauergrinsen in seinem Gesicht wirkt mindestens so aufgesetzt wie seine hochnäsige Lesebrille. Was erheitert den ich kenne ihn nicht, nenne ihn jetzt aber mal Horst, denn ihn immer als Mann mit der Glatze, dem Schnauzer und der Tageszeitung, der ganz alleine da drüben am Tisch in der Ecke sitzt, zu bezeichnen, erscheint mir doch ein wenig langatmig für eine Kurzgeschichte? Horst legt die Zeitung beiseite, das Grinsen bleibt. Der Kellner serviert ihm das Essen. Im Nu weicht sein Grinsen einem verzweifelt-verärgerten Blick und er gibt dem Kellner, der scheinbar fälschlicherweise Pommes als Beilage gebracht hat, zu verstehen: „Yes, but I want the... I want the... it's okay... but I want the..." Der Kellner gibt sich unbekümmert, ist jedoch ob der gastunfreundlichen Stammelei sichtlich irritiert. Horst ringt mit den Worten, bis er schließlich resignierend abwinkt, der Kellner schweigend und sich keinerlei Schuld bewusst abgeht und er mit grinsefreiem Gesicht beginnt, sich den korrekt servierten Teil seines letzten Abendmahls auf Zakynthos einzuverleiben sowie die unerwünschten Pommes mit Widerwillen in sich hineinzustopfen.

Morgen reist der Mann mit der Glatze, dem Schnauzer und der Tageszeitung, der ganz alleine da drüben am Tisch in der Ecke saß und den ich für nicht einmal eine Stunde zum Horst habe werden lassen, ab. Nicht wegen dem Pommes-Fauxpas des Kellners, ganz sicher auch nicht, weil ich ihn gedanklich kurzzeitig zum Horst gemacht habe, sondern weil er es vor dem Essen mit einem breiten Grinsen im Gesicht jemandem, vielleicht seiner Frau mit der Dauerwelle, dem Damenbart und der Wochenzeitschrift, die ganz alleine daheim auf dem Stuhl auf der Loggia sitzt, die ich jetzt der Einfachheit halber einmal Olga nenne, am Handy mitgeteilt hat. Worüber ich mir schon wieder Gedanken mache.

Meine Erkenntnis des Tages Nummer 1: Sich als Maler oder Malerin bei einem Aquarellbild nicht einzumischen, das ist wahre Kunst.

Meine Erkenntnis des Tages Nummer 2: Es brennt im Nacken. Auch Morgensonne macht abends rot.

Meine Erkenntnis des Tages Nummer 3: Die Bayern sind mir grundsätzlich sympathisch, aber Dieter ist doof.

Letzteres bleibt unkommentiert stehen. Es spricht für sich. Es war mir lediglich ein persönliches Bedürfnis, dies, ohne eine Datenschutz- und/oder Urheberrechtsverletzung zu begehen, festzuhalten. Bei allen bayrischen Dietern bis auf diesen einen jenen besagten Dieter möchte ich mich für diese doofe Erkenntnis an dieser Stelle höflichst entschuldigen. Sie besitzt selbstverständlich keine pauschal verdieterte Gültigkeit.

Tag 5: Raus aus Vasilikos

Heute ist kursfreier Tag. Nachmittags nehmen wir dennoch Kurs auf Zakynthos City. Doch zuerst geht es ins Inselinnere, quer durch die zykanthinische Hügellandschaft. Der Chauffeur des Kleinbusses heißt Panajotis. Das klingt für mich eher nach einem Dessert.

Griechische Panna cotta mit Früchten oder Honig. Aber das lenkt nur vom Thema ab. Panajotis lenkt den Bus gekonnt durch die engen Kurven im Gelände. Das Innere des Landes ist total agro. Hier wird vorwiegend Landwirtschaft betrieben. Die Oliven und Weintrauben gedeihen heuer besonders gut. Der korinthische Sommer hatte und hat es immer noch in sich. Wir halten kurz bei einer unscheinbaren (angeblich jedoch der bedeutendsten) griechisch-orthodoxen Kirche, davor ein kleiner Brunnen. Rund um die Kirche stinkt es nach faulen Eiern. Echt ätzend. Das muss wohl Satans Rache sein. Man sollte dem Teufel halt nun mal kein Schwefelwasser reichen. Dass es durchaus auch besser duften kann auf Zakynthos, stellen wir bei einem weiteren Stopp und dem Besuch der hiesigen Parfümmanufaktur Razi fest. Jasmin. Nein, nicht die Chefin der kleinen Destillerie heißt so, sondern der Hauptbestandteil der erzeugten Eaux de Toilette. Was die Chinesen als Tee trinken, die gepflegte Zykanthinerin ebenso wie so manche Touristin nebelt sich damit ein. Nach einer weiteren kurzen Fahrt versprüht Zakynthos City einen gewissen Charme. Ohne Gewissensbisse genehmige ich mir gleich an der Hafenpromenade ein gschmackiges Pita, dazu Wasser bis zum Umfallen gegen ein kreislaufbedingtes Umkippen, denn die Sonne knallt mächtig vom Himmel. Es scheint fast, es wären ihre letzten Strahlen im heurigen Sommer. Vor lauter Hitze hätte ich es beinahe vergessen: Wir waren zuvor noch auf einen Sprung bei Dionysios Solomos. Nein, wir waren nicht daheim bei ihm zum Essen eingeladen, er ist auch kein Szenewirt im Hafenviertel, nein, *der* Dionysios Solomos. Wer kennt ihn bitte nicht? Er ist Griechenlands berühmtester Hymnasiast, ein großer Sohn des Landes, quasi der griechische Andreas Gabalier. Jedenfalls haben die Zykanthiner dem Dionysios Solomos zu Ehren eine Büste von ihm auf jenem Hügel errichtet, auf dem dieser Wahnsinnige einst die 147 Strophen der griechischen Nationalhymne getextet hat. Der hatte einen ganz schönen Liedschatten. Dunkel bricht die Finsternis über die Insel herein. Wir busen zielstreberisch heimwärts.

Über dem Eingang zu unserem Apartment erwartet uns bei unserer Rückkehr wieder ein lieb gewonnener Freund, ein Exemplar der Spezies Klebekos geckonios, der griechische Experte in Haftungsfragen. Ziemlich geschafft von der hitzigen Rundfahrt geht es heute etwas früher in die Senkrechte. Es ist immer noch extrem schwül. Die Wärmelampe über meinem Bett erhitzt zusätzlich nicht nur mein Gemüt, sie brennt mir beinahe ein Loch in den Schädel. Das Energiesparlampenfieber hat die Griechen offensichtlich noch nicht gepackt. Ich versuche, den Brennpunkt auf meinem Kopf zu ignorieren, es gelingt mir jedoch nicht. Allerdings ist jetzt ohnehin erst einmal Abschalten angesagt. Kane Lichta!

Meine Erkenntnis des Tages: Dass Fußballspiele gegen die griechische Nationalmannschaft vor dem Ankick etwas länger dauern, liegt für mich nun auf der Hand.

Tag 6: Wahlsonntag in Griechenland – Hellas wählt

Der heutige Tag beginnt wie der gestrige, wie der vorgestrige, genau genommen wie alle Tage, sogar jene, für die wieder einmal ein Weltuntergang vorhergesagt wurde, und zwar mit einem Sonnenaufgang. Heute haben wir diesen allerdings verschlafen, den Sonnenaufgang, nicht den Weltuntergang. Der hätte eigentlich schon vor zwei Tagen stattfinden sollen, doch dieser gemeine Planet Erde ist immer noch auf Achse, dreht sich allen Prophezeiungen zum Trotz munter um die Sonne und zugleich Tag für Tag mit ausgeprägtem Egozentrismus um sich selbst.

Auch ich bin aufgrund der hohen Luftfeuchtigkeit nächtens heftig im Bett rotiert und werfe zum Munterwerden soeben einen kurzen Blick ins Facebook. Siehe da, nach kurzem Scrollen kündigt ein geteilter Krone-Artikel für kommenden Donnerstag bereits den nächsten Weltuntergang an. Na bitte, geht doch, die Welt ist für mich wieder in Ordnung, denn dieser Termin ist mir vom Timing her wesentlich sympathischer, denn da bin ich bereits wieder im Büro. Wenn die Welt schon meint, untergehen zu müssen, dann doch bitte schön an einem Arbeitstag. Im Urlaub käme mir das gänzlich ungelegen, die ganzen Scherereien mit der Reiseversicherung und so.

Aber wir waren gerade beim Aufstehen, nicht beim Untergehen. Wie gesagt, Sonnenaufgang verschlafen. Für Karin ist das nicht sonderlich außergewöhnlich, bei mir aufgrund intensiver nächtlicher Schreibattacken indes durchaus erklär- und entschuldbar.

Die Uhr am Smartphone zeigt 07:47 Uhr. Der Dorfgockel scheidet als verlässliche Weckquelle für die weiteren Tage in Vasilikos aus. Kurzum, der Hahn ist Mist. Um 08:00 Uhr stelle ich fest, dass die Kirchenglocken auch im griechisch-orthodoxen Glauben zum Zusammenläuten für den sonntäglichen Messgang zum Einsatz kommen. Frühmesse? Vielleicht später. Das Frühstück wartet. Im Kühlschrank. Sesam, öffne dich!

Was an diesem Tag anders sein wird als an den bisherigen Urlaubstagen, außer dass die Griechen heute wählen gehen, ist die Tatsache, dass ich im Folgenden nicht nur über das heutige Tagesgeschehen berichte, sondern die Highlights wiedergebe, die ich als Gast ohne Zaun bei einem EDV-Kurs für Seniorinnen mit Schwerpunkt „Meine schönsten Urlaubsfotos" teilnahmslos mitbekommen habe. Wie speichert und organisiert man sie, nachdem man sie von der Karte auf den Laptop geschaufelt hat, vor allem aber, wie bearbeitet man sie bestmöglich. Ich muss vorausschicken, live dabei zu sein, wenn auch nur am Rande, steigert das Vergnügen ins Unermessliche. Doch die Sammlung der besten Sager der militanten Trainerin, ich habe sie liebevoll Milli-Tant genannt, sollten zumindest annähernd einen kleinen Abriss über die Geschehnisse vor Ort geben. Ich zitiere das millitante Pointenfeuerwerk nachfolgend originalgetreu und unverändert:

Zwei Drittel im Internet ist PDF.

Teilnehmerin beim Durchprobieren: Was sind bitte Ebenen? Milli-Tant: Na, ihr müssts ja nit immer alles nehmen. Nehmts das, was ich euch zeige.

Schau, do bei den Rahmen, wennst weita runter gehst, do gibt's a Herzerl a. Also mir gfollts jo nit, oba bitt schen.

Kein Rahmen. No, wos hots denn do? Gor nix wahrscheinlich. No, wennst es nit wüllst, donn klickst es holt nit on.

Do werds so gscheit zruckkommen. De werdn euch daheim alle nimmer aushalten.

Schau, wie viel du da schon offen hast. Dann klickst halt rein in a Fenster. Na, des war eindeutig das falscheste von allen.

Jo, Leute, des muss gehn. Na, nix do auf weiter, zruck. Und wennst kan Text willst, dann schreibst halt kan eine.

Des is mir wurscht, wie du des machst, und dem Computer auch.

Und jetzt beschriftets das Bild. Schreibts hin Urlaub oder so an Kas.

Meine Erkenntnis der letzten Tage: Ich möchte bitte kein Urlaubsfoto von der Milli-Tant. Auch kein bearbeitetes. Und den nächsten Urlaub buchen wir ganz bestimmt in einer demillitantisierten Zone.

Tag 7: Ein typischer Montag

Obwohl es der erste Montag ist, den wir auf Zakynthos verbringen, gestaltet er sich für uns typisch. Der tägliche Sonnenaufgang lässt uns auch heute nicht im Stich, irgendwann dann zeitversetztes Frühstück, danach Salz auf unseren Häuten. Erste Reihe am Strand, sie darf natürlich nicht fehlen, Madame Lederstrumpf, gegerbt auf zykanthinische Korinthe, allerdings deutlich voluminöser. Sie wechselt von früh bis spät ihren viel zu kleinen schwarzen mit einem auch nicht viel größeren neongrünen Bikini ab sowie zwischen ihrem Liegeplatz und einem Platz an der Strandbar hin und her. Mit ihren dunklen Brillen und dem markanten Hut nenne ich sie den weiblichen Udo Lindenberg dieser Anlage, wobei rein dermatologisch betrachtet weiblicher Stefan Petzner besser passen würde. Manchmal ist es noch besser, die Dinge gar nicht beim Namen zu nennen. Das gelingt zum Beispiel meiner Oma beim Rufen ihrer Urenkel beinahe perfekt. Vom Alter her sind wir damit wieder bei Udo Lindenberg. Nicht meine Oma, die Madame Lederstrumpf. Die schätze ich so auf um die 70, den älter machenden Hautgerbungsfaktor nicht mitberücksichtigt.

Das Meer präsentiert sich heute abgeebbt wie die griechischen Staatskassen. Trotzdem ist noch genug Wasser zum Plantschen da. Wer auch wie jeden Tag da ist, das ist diese chinesische Massagistin, die in den Liegereihen soeben nach ihrem nächstes Opfer sucht. Ob es für entsprechende Knete auch eine Ganzkörpermassage gibt? Schnell verwerfe ich diesen Gedanken wieder, kein Bedarf, ich bin absolut locker. Diagnose: Zigaziga im Endstadium. Das Leben ist schön. Die paar Wolken am Himmel werden uns schon nicht auf den Kopf fallen. Der Wind weht leise. Der Rasenmäher macht Krawall. Moment, Rasenmähen? An einem Sonntag? Ja, wo gibt's denn so was? Die schöne Urlaubsidylle. Das darf jetzt aber bitte nicht wahr sein. Ein typischer Montag, denke ich mir und merke zugleich, dass ich die Tage durcheinandergebracht habe. Gott sei Dank bin ich keine Frau. Eine Schwangerschaft ist demnach trotz Verwechslung so gut wie auszuschließen. Meinem Hungergefühl nach bin ich allerdings bereits im achten Monat.

Auf der Terrasse vom Restaurant Ionio Platz genommen bestellen wir zunächst die Getränke. Karin einen Tee, ich ein Cola light und einen Liter stilles Mineralwasser. Griechische fünf Minuten später schlendert der Kellner mit einer 0,25-Liter-Flasche Cola light, einer Literflasche Wasser und drei Gläsern teelos zu unserem Tisch, stellt zwei leere Gläser vor Karin und eines vor mich. Karin und ich schauen uns an und überlegen, ob der Tee entweder im Kännchen nachgereicht wird beziehungsweise wie wir sonst die Glas-Flaschen-Relation aus Sicht des Kellners korrekt umzusetzen haben. Beim anschließenden Blick in die Speisekarte hüpft mir der Imam ins Auge. Auberginen Imam mit Käse. Sicher aufgetürmte Auberginen, weil von so hohen Türmen schreit doch immer so ein Imam runter. Ja, ja, ich weiß schon, der heißt Muezzin, für einen Imam wäre so eine niedrige Arbeit auf dem hohen Turm die reinste Rufschädigung. Und außerdem heißt es auch nicht hoher Turm, sondern Minarett. Wird besser sein, ich ess' Lamm. Auf Nummer sicher gehend bestelle ich dann jedoch marinierten Tintenfisch und Oliven. Nach dem vorgestrigen Kirchenbesuch sind mir weitere Geistlichkeiten im Urlaub einfach zu zäh.

Ob der Kurzzeit-Horst gut heimgekommen ist? Ob er daheim überhaupt was zu lachen hat? Wie er wohl wirklich heißt, der Horst? Fragen über Fragen. Die Antworten darauf werde ich gewiss nie erhalten. Grinsgeheim stört mich das allerdings nicht sonderlich. Ich treffe sicherlich bald wieder auf einen Horst, den ich dann einfach Karl nenne oder Elmar oder Ulrich, sofern er keine Frau ist.

Meine Erkenntnis des Tages: Morgen ist alles vorbei. Nein, nicht schon wieder Weltuntergang. Der Urlaub, schlimm genug.

Tag 8: Der alte Mann, das Meer und die unendliche Enge der Flugzeugtoilette

„Bording completed", tönt es aus den Lautsprechern.

„Fünf freie Plätze und drei Babys", ruft die tiefstimmige Stewardess ihrer rot gewandeten Kollegin zu. „Ein herzliches Servus auf dem Flug nach Graz und Salzburg." Karin hat einen Fensterplatz ergattert. Ich sitze mittig. Reihe 29. Die allerletzte. In Reihe 30 nur zwei Sitze. Links und rechts je einer. Na sauber, wir sitzen direkt vor den Toiletten. Wie unangenehm. Mit Verlauf des Flugs sehe ich den Umstand aber zunehmend positiver. Immerhin verlängert das Spülgeräusch der Flugzeugtoiletten das Meeresrauschen der letzten Tage noch ein wenig. 51 Personen waren übrigens am WC. Nicht gleichzeitig, während dem gesamten Flug. Zumindest hinten, vorne weiß ich es nicht. Alles muss man aber auch nicht wissen.

Rechts neben mir ein älterer Herr. Er sieht niemandem, den ich kenne, ähnlich. Das macht ihn für mich zunächst uninteressant und daher verpasse ich ihm auch keinen Kurzzeitnamen. Wobei, Albert würde ganz gut zu ihm passen, denn ich kenne keinen Albert. Gut, ich kenne auch keinen Theodor und keinen Sigisbert. Egal, ich mustere ihn von oben bis unten. Tatsächlich, nicht einmal ansatzweise irgendeine Ähnlichkeit mit irgendjemandem. Trotzdem bleibt mein Blick am unteren Ende von Albert/Theodor/Sigisbert kurz hängen. Weiße Tennissocken in beigen Halbschuhen. Das schaut ihm ähnlich, denke ich mir und wende meinen Blick von ihm ab. Dennoch entgeht es mir nicht, dass er gerade zu kurieren anfängt. Wie sollte das auch unbemerkt bleiben, die linke Seite der Zeitung bordet immerhin großteils auf meinen Platz über.

Den alten Mann scheint das nicht zu stören. Er hat sich soeben in den Leitartikel „Angst vor rechts" vertieft. Ich frage mich: Woher um alles in der Welt hat Helmut Brandstätter gestern beim Schreiben seiner Kolumne schon gewusst, dass mir der Herr zu meiner Rechten heute nicht ganz geheuer sein wird? Also nicht, dass ich mir aus Angst vor ihm gleich in die Hose machen würde, aber erstens will ich es tunlichst vermeiden, ihn anzusprechen, und zweitens, auch wenn ich dringend müsste, bekomme ich irrsinnige Platzangst auf diesen winzigen Flugzeugtoiletten. Plötzlich schaut der alte Mann kurz zu mir herüber. Ich entgegne seinem ausdrucksarmen Gesicht ein verhaltenes Lächeln. Alles Weitere verkneife ich mir bis zur Zwischenlandung in Graz. Nach einem kurzen Boxenstopp geht es weiter nach Mozart Town, wo wir im Bahnhofsrestaurant Johann, das heißt wirklich so, ich habe ihm den Namen nicht gegeben, die letzten griechischen Euros verjubeln. Ab hier fahren wir dann bis zum Heimathafen Villach auf Sparschiene.

Meine Erkenntnis des Tages: Immer mehr alte Traditionen sterben aus. Halbbeschuhte Weißsockenträger wohl nie.

Meine Schlusserkenntnis der Woche: Es ist immer ein fester Käse, wenn der Urlaub zu Ende geht. Aber wer weiß? Vielleicht hab' ich nach Griechenland ja bald einmal Anspruch auf Fetakarenz.

DER LEOPOLD, DIE EDELTRAUD UND ÜBERHAUPT

„Hortensien sind doch auch nur Blumen", sagt Leopold halblaut und beißt in sein Frühstücksbrot. Die Fleischhauerei Sausgruber ums Eck hatte vorvorigen Freitag den letzten Tag geöffnet. Es ging einfach nicht mehr. Der Schinken, der unter dem Käse am Frühstücksbrot vom Leopold liegt, der war ein Sonderangebot. Familienpackung, 400 Gramm, fein geschnitten und eingeschweißt in eine dieser praktischen wiederverschließbaren Plastikverpackungen. Eines der unzähligen Biogütesiegel im rechten unteren Eck, auf der Rückseite die Inhaltsstoffe. Pökelsalz, Maltodextrin, Natriumascorbat, alles fein säuberlich aufgelistet bis hin zu den Stabilisatoren E450, E451 und E452. Doch wer liest schon das Kleingedruckte, ist Leopolds pragmatischer Zugang zu solch vermeintlichen Konsumentenschutzmaßnahmen. Darum bleibt er unerforscht für ihn, der wahre Inhalt der Wurstware. Und überhaupt, unter der Woche gibt es ohnehin immer Honig oder Marmelade.

„Ich glaub', der Hans Moser hat gar nicht so genuschelt, das ist nur die schlechte Tonqualität bei den alten Filmen." Dieser Satz zwängt sich soeben durch Leopolds graue Zellen. Ganz abgesehen davon, dass er völlig aus dem Zusammenhang gerissen ist, der Leopold sitzt alleine am Frühstückstisch und in Selbstgespräche verwickelt er sich äußerst selten. Das Frühstücksei, das es so wie den Schinken ausschließlich sonntags gibt, steht noch unberührt im Eierbecher aus original Gmundner Keramik. Leopolds Großmutter hat die Ostereier früher immer mit Zwiebelschalen gefärbt. Drei viertel acht ist es bereits, wie es der Blick auf die Pendeluhr zeigt. Früher, da war er Frühaufsteher, der Leopold. Seit zwei Wochen kommt er ohne Wecker ganz gut zurecht. Man gewöhnt sich ja so schnell an alles. Der Kaffee verliert langsam seine letzte Lauwärme und Leopold ist bereits beim dritten Schinkenbrot mit Käse angelangt. Auf Butter verzichtet er sonntags immer. Unter der Woche wäre das undenkbar. Ein Honig- oder Marmeladebrot ohne dünne, oft auch etwas dickere Butterschicht, je nach Lust und Laune, vollkommen ausgeschlossen.

Leopolds Onkel mütterlicherseits war Franziskaner. Der hat damals, wie er noch zur Schule gegangen ist, immer zum Leopold gesagt: „Nicht nur Mönche müssen ordentlich gekleidet sein." Das hat er sich zu Herzen genommen, der Leopold. Auch wenn er, ganz egal ob Sonntag oder nicht, tagein, tagaus alleine beim Frühstück sitzt, im Pyjama sitzt er dabei ganz sicher nie da.

Die Großwetterlage sagt eine leichte Besserung für die kommenden Tage vorher. Das wiederum freut die Edeltraud, übrigens eine der wenigen Stammkundinnen, die der Fleischhauerei Sausgruber ums Eck bis zum letzten Tag treu waren. Überaus wetterfühlig, die Edeltraud. Am vorvorigen Freitag, da hat sie sich noch eingedeckt. Mindestens ein ganzes Schwein, zerteilt natürlich, und ein paar von den besten Stücken vom Rind. Da ist sie schwer bepackt mit vielen Sackerln ein letztes Mal raus, beim Sausgruber ums Eck. Das viele Fleisch lagert jetzt übersichtlich sortiert, das Schweinefleisch auf der linken Seite, rechts die Teile vom Rind und zwei Entenbrüste, die sie bereits im Oktober eingefroren hat, bei minus 18 Grad bei ihr im Keller in der großen Kühltruhe. Die hat ihr schon vor Jahren ihr Mann, der Joachim, zum 40. Hochzeitstag geschenkt. Sieben Jahre ist sie nun schon Witwe, die Edeltraud.

Was den Leopold und die Edeltraud verbindet, das ist lediglich der gemeinsame Ort, in dem sie wohnen. Keine gemeinsame Schulzeit, keine Jugendliebe, auch später kein Pantscherl miteinander. Ab und zu, dass sie sich beim Sausgruber ums Eck über den Weg gelaufen sind, wenn die Edeltraud wieder einmal für ihren Joachim eine frische Rindsleber kaufen war, weil der sie so geliebt hat, scharf angebraten und geröstet. Reinsetzen hätte er sich da können, der Joachim. Den Leo-

141

pold hat es vor Innereien schon immer gegraust. Das Höchste der Gefühle war ein Blatt von der Osterzunge und selbst da hat es ihn stets heftig gewürgt. Noch was haben der Leopold und die Edeltraud gemeinsam. Die EU-Beitrittsverhandlungen von Litauen, die gehen ihnen am Allerwertesten vorbei. Und dass der Dorfpfarrer was mit seiner Haushälterin hat, das wissen auch beide, aber das weiß nicht nur das ganze Dorf.

Die Pendeluhr schlägt acht. Viele trinken schon in der Früh. Der Leopold, der genehmigt sich lediglich am Abend gerne ein Glaserl Gumpoldskirchner, selten noch ein zweites. Die Edeltraud vermeidet sogar beim Hustensaft den mit Alkoholgehalt. Sonntags sind die Geschäfte zu in Eberndorf. Alle, nicht nur die seit vorvorigem Freitag geschlossene Fleischhauerei Sausgruber ums Eck. Ist nun mal kein Fremdenverkehrsort, dieses Eberndorf. Jetzt hat es nicht einmal mehr eine eigene Fleischhauerei. Früher, viel früher, da war wenigstens in der Fleischhauerei Sausgruber noch was los, weil da nämlich so eine kleine Imbissstube dabei war. Bevor der junge Sausgruber, zu dem immer schon alle Sausundbrausgruber gesagt haben, das Geschäft vom alten Sausgruber übernommen hat, da war die Fleischhauerei für ihren Leberkäs bekannt. Da sind nicht nur die Bewohner vom Ort beim Sausgruber ums Eck auf einen Leberkäs zusammengestanden, auch von weiter her sind da viele, meist auf der Durchfahrt durch Eberndorf, auf ein Leberkässemmerl stehen geblieben. Die meisten mit Senf, viele mit Ketchup, manche mit frisch geriebenem Kren, die wenigsten

ganz ohne irgendwas. Der Leopold, der hat den Leberkäs vom Sausgruber nie mögen, weder den vom alten
noch den vom jungen Sausgruber, weil er gar keinen
Leberkäs mag. Und die Edeltraud, die hat lieber den
frischen Leberkäs gekauft und daheim für sich und
ihren Joachim in der Pfanne angebraten, dazu ein
selbst gemachtes Püree und ein Karotten-Erbsen-
Gemüse. Wie dann der Joachim gestorben ist, da hat
sie sich die Arbeit nicht mehr angetan. Da hat sie nur
noch ab und zu eine Scheibe vom heißen Leberkäs
direkt beim Sausgruber im Imbiss gegessen, mit schar-
fem Senf. Dazu fast immer einen Almdudler.

Nur einmal, wie sich der alte Sausgruber zu ihr hinge-
stellt und mit ihr ein wenig geplaudert hat, da hat die
Edeltraud ein kleines Bier dazu getrunken. Der alte
Sausgruber, bei den Sausgrubers heißen seit Generationen alle männlichen Nachkommen Eberhart, daher
immer der alte und der junge Sausgruber, jedenfalls
der alte Sausgruber, der hat schon lange ein Auge geworfen gehabt auf die Edeltraud. Und einmal, da hat er
sich ganz nah zu ihr an den Stehtisch gestellt, ihr tief
ins Dekolletee geschielt und ihr lauter schweinische
Witze erzählt, dieser Saubartl. Zuerst hat sie noch mit-
gelacht, die Edeltraud, aber wie sie dann die Hand vom
alten Sausgruber auf ihrem Hintern gespürt hat, da ist
grad der Leopold zur Tür herein und wollte 17 ½ Deka
von der Eberndorfer haben, für die der Ururgroßvater
vom alten Sausgruber seinerzeit im Jahr 1856 das Rezept erfunden hat und die es seit vorvorigen Freitag
jetzt auch nicht mehr gibt.

Einen letzten Bissen noch vom Schinken-Käse-Brot, dann macht er sich auf den Weg, der Leopold, auf seine übliche Runde, die er jeden Tag nach dem Frühstück im nahe gelegenen Wald dreht. Die Edeltraud fährt indessen hinaus zum Friedhof, mit frischen Blumen für das Grab von ihrem Joachim. Auch ein Kerzerl hat sie mit, das sie dort anzündet, und noch eines fürs Grab vom alten Sausgruber, zwei Reihen weiter hinten. Und der junge Sausgruber, der hat um halb zehn einen Termin beim Gesundheitsamt, wegen der Auffrischung von seiner Hepatitisimpfung.

LACHSBRÖTCHEN UND SACHERTORTE

Lach Walter ist Sachwalter. Schon recht absonderlich, was er dabei so mitmacht. Der Walter könnte vielleicht Geschichten erzählen. Macht er aber nicht. Bleibt stets sachlich. Wegen dem Datenschutz. Jedenfalls immer mehr Kundschaft. Nicht nur Alte und Demente. Ständig mehr psychisch Kranke. Kuriose Sachen passieren da. Oft auch arge. Da vergeht einem das Lachen. Früher, da wurden die Menschen noch entmündigt. Aber ab und zu muss man dem Kind einen anderen Namen geben. Sollten viele Eltern auch tun. Inzwischen hat sich der Lach Walter als Sachwalter einen Namen gemacht. Nur, wie gesagt, über die Arbeit mit seinen Klienten, da schweigt er sich aus. Und über ihn selbst gibt es auch nicht viel zu erzählen.

Single ist er, aber das sind viele Walters und nicht nur die. Immer mehr ungebundene Exemplare in diesem Land. Gleich wie psychisch Kranke. Ob da ein Zusammenhang besteht? Wer weiß? Single aus Überzeugung ist er, sagt der Walter. Aus Verzweiflung, sagen die anderen. Das hält doch keine aus mit ihm. Der bevormundet ja alle. Sagen die, die einen Versuch mit ihm gewagt haben. Er kann Beruf und Privates nun mal nicht trennen. Daher die Trennung. Meist schon, bevor überhaupt was läuft. Fragen zum Besitz und zum Grundbuch kommen beim ersten Date halt nicht besonders gut an bei den Frauen. Spätestens damit vermasselt er jeden Flirt und macht sich zur Lachnummer. Besser gesagt, machte er sich. Früher, da war der Walter ein wahrer Meister der Ausmachsprüche. Mittlerweile spricht er keine Frauen mehr an. Umgekehrt geben sich die Frauen ihm gegenüber allerdings auch kaum anspruchsvoll. Und kommt es doch einmal zu einem seltenen geschlechtsübergreifenden Zwiegespräch, bis der Walter merkt, dass er wie immer drauflosschaltet und -waltet, ist er auch schon in ein Selbstgespräch verwickelt und sitzt wieder alleine da.

Als Sachwalter ist er es nun mal gewohnt, gleich zur Sache zu kommen. Da wäre die eine oder andere Dame möglicherweise gar nicht abgeneigt, wenn er nur nicht so viel rumlabern und ihnen Löcher in den Bauch fragen würde. Entmundigen sollte man ihn, hat letztens die Dagmar gemeint. Die Dagmar Koller, die aber nur so heißt wie die Dagmar Koller. Weil singen kann die Dagmar gar nicht, also die Dagmar Koller, die dem Walter ihr Gehör geschenkt hat. Die andere Dagmar trällert in Kolleratursopran. Aber nachdem der Walter der unmusikalischen Dagmar dann gleich die Ohren vollgesungen hat, da hat die Dagi, die auch nur denselben Kosenamen wie die andere Dagi hat, dann rasch Reißaus genommen. Dabei war sich der Walter sicher, dass es mit der Dagi klappen würde. Er hatte extra Kondome gekauft und diese draufgängerisch und unübersehbar auf dem Couchtisch im Wohnzimmer platziert. Und wie sie dann da so gesessen sind auf der Couch, der Walter und die Dagi, und er ihr gerade etwas über paranoide Schizophrenie erzählt hat und zunehmend zudringlicher wurde, da hat die Dagi plötzlich mit einem hämischen Grinsen gefragt: „Was hast du denn mit den Lachgummis vor?" Ganz und gar nicht lustig. Zumindest hat der Walter das so empfunden. Das heißt, auf einmal hat er ganz anders empfunden für die Dagi. Richtiggehend verarscht hat er sich gefühlt. Statt zum Coitus ist es dann nur zum Interruptus gekommen. Eigentlich eine Unterbrechung von Dauer. Die Dagi hat dem Walter nur noch einen flüchtigen Kussmund zugeworfen. Gesehen hat er sie seit damals nie wieder.

Dass der Walter regelmäßig nach Bad Waltersdorf auf Kur fährt, das sei nur am Rande erwähnt. Mit 49 steht ihm das auch zu. Allerdings ist es dieses Jahr bereits zum fünften Mal. Ihn plagen Kreuzschmerzen. Vom vielen Walten im Sitzen. Wohl aber auch wegen seinem Wohlstandsbäuchlein. Das ist an seinem Rücken nicht spurlos vorbeigegangen. Walter gehört umfänglich zur wohlhabenden Mittelschicht des Landes. Sein voluminöser Vorbau, der kommt nicht von ungefähr. Nein, das kann man ganz genau sagen, woher der kommt. Von den Lachsbrötchen, die er heiß liebt, natürlich nicht wortwörtlich, und noch viel mehr von der Sachertorte. Falsch. Mehrzahl. Von den Sachertorten. Denn der Walter ist ein Genussmensch. Und ein Gewohnheitstier. Eine verhängnisvolle Kombination. Jede Mittagspause dasselbe Prozedere. Um Punkt zwölf raus aus der Sachwalterschaft. Rüber zum Sacher. Zwei Lachsbrötchen. Dazu ein Glas Chardonnay. Gefolgt von einem Stück Sachertorte. Dazu eine Wiener Melange mit einem Packerl Zucker, weil vom Saccharin bekommt er immer so ein Aufstoßen. Und ein halbes Glas Wiener Leitungswasser, an dem er jedoch meist nur verhalten nippt. Und nicht zu vergessen die Kronen Zeitung. Was braucht man mehr? Stören lässt er sich dabei von niemandem. Nicht einmal dem Helmut Lohner hat er einen Blick geschenkt, wenn der manchmal um die Mittagszeit der Frau Gürtler Rosen vorbeigebracht hat. Ganz Rosenkavalier der alten Schule, der Lohner. Doch für all das hat sich der Walter nie interessiert. Das Stündchen zu Mittag, das lässt er sich durch nichts und niemanden nehmen. Um dreizehn Uhr heißt es dann wieder, seines Amtes zu waltern.

Wenn er schon kein Glück bei den Frauen hat und unfreiwillig zum Kostverächter werden muss, dann wenigstens die kulinarischen Freuden des Lebens auskosten, sagt sich der Walter. Besonders am Freitag. Erstens wird da aus dem Stündchen stets ein zweites, denn Freitagmittag bedeutet Wochenende für Walter. Das wiederum bedeutet zwei Lachsbrötchen, zwei Gläser Chardonnay, zwei Stück Sachertorte, zwei Wiener

Melangen, ein Packerl Zucker zu jeder Wiener Melange. Saccharin stößt auch freitags auf. Zwei halbe Glas Wasser. Jeweils nur angenippt. Und um vierzehn Uhr zwei weitere Stück Sachertorte. Diesmal zum Mitnehmen. Eines für Samstag. Eines für Sonntag. Mittags um zwölf. Dazu eine Wiener Melange. Samstag eine. Sonntag eine. Ein Packerl Zucker dazu. Eines zu jeder Melange. Allerdings ohne halb volles Wasserglas. Am Wochenende wird nicht genippt. Nur unnötiges Geschirr für den Abwasch. Ein wenig Abwechslung braucht der Mensch. Daher gibt es am Wochenende zu den Lachsbrötchen auch Wiener Melange statt Chardonnay. Nicht Kaffee. Der Wein heißt so. Wiener Melange. Eine zartfruchtige Cuvée der Extraklasse. Die schwarzen Kügelchen und die Zitronenscheibe auf den Lachsbrötchen lässt er zu Hause von Haus aus weg. Ohnehin nur unnützes Beiwerk. Außerdem cruncht das Zeug zwischen den Zähnen und es muss nicht immer Kaviar sein. Das Tüpfelchen Oberskren braucht's hingegen schon. Noch eine kleine Abweichung gibt es am Wochenende. Die Kronen Zeitung wird durch das ÖKM ersetzt. Sahneschnittchen zur Sachertorte. Sonst keine Extrawürste.

Dass er bei den Frauen immer einfährt, verwundert in Anbetracht der Eingefahrenheit von Walters Leben nicht sonderlich. Aber wenn schon keine Partnerin, dann bleibt zumindest der Sacher in. Ganz ohne Aufstoßen. Und so abstoßend ist er nun auch wieder nicht. Irgendwann wird sich der Walter schon die Richtige anlachen und alles mündet doch noch in einem Happy End. Bis er in seinem Privatleben diesen Halt findet, bleibt es erstaunlich, dass er unter der Woche nach all den Jahren des Gleichschritts immer noch auf der anderen Seite vom Schreibtisch sitzt. Eines steht jedoch fest: Mit der Zeit werden selbst die stabilsten Tische verrückt.

DAS STEINERNE HERZ

Rollend wie das R, nicht wie die Steine. Die Zunge unsichtbar im Mund vibrierend, nicht weit rausgestreckt. Rrröstfrisch. Stanislaus Steiner liebt frisch gebrühten Kaffee. Crescentia Weber-Höß liebt Stanislaus Steiner. Und Stanislaus Steiner hat ein Herz aus Stein. Ganz und gar nicht romantisch. Stanislaus ist 78. Nicht steinalt, aber auch kein Rohdiamant mehr. Er schleift sein rechtes Bein ein wenig nach. Crescentia ist 71, seit geraumer Zeit allerdings selbst gefühlte 17. Dermaßen verliebt ist sie in den Stanislaus. Doch der wehrt sämtliche Annäherungsversuche von der Crescentia beständig ab. Denn seine Genoveva, die ist sein Ein und Alles. Zumindest war sie das. Bis vor zwei Jahren. Bis zu diesem fürchterlichen Steinschlag. Davor 52 glückliche gemeinsame Jahre. Gefahren ist der Stanislaus. Wie immer. Die Genoveva saß neben ihm auf dem Beifahrersitz. Wie immer. Stets an seiner Seite. Dann urplötzlich ein gewaltiger Felsbrocken. Der Opel Corsa und die Genoveva. Sie machten beide keinen Rührer mehr. Der Stanislaus. Vom Schicksal hart getroffen, vom Steinschlag nur gestreift. Er hatte Glück im Unglück. Davon ist nicht nur er selbst felsenfest überzeugt. Rausgeschnitten haben sie ihn. Die von der Freiwilligen Feuerwehr Steinfeld. Eingequetscht war er. Sein rechter Unterschenkel. Mehrfachbruch. Sonst keine weiteren Blessuren. Vom gebrochenen Herzen nach dem ersten Schock abgesehen. Ewig in Erinnerung die Minuten nach dem schrecklichen Unfall. Abschleppwagen, Rettungsauto und Leichenwagen im Konvoi. Ein trauriger Tag. Für Stanislaus blieb kein Stein mehr auf dem anderen. Seine geliebte Genoveva. Sie war nicht mehr.

Diese verfluchte Mure hatte den Stein ins Rollen gebracht. Fünf Tage später bedrückte Stimmung beim Begräbnis. Mitten aus dem Leben gerissen. Sein Schatz. Doch schon beim Leichenschmaus verführerische Blicke von Crescentia in Richtung Stanislaus. Erwidert mit versteinerter Miene. Wie immer. Jahrzehntelang hat er ihre Liebe verschmäht. Die Genoveva, Gott hab sie selig, die hat ihr damals den Stanislaus ausgespannt. Wobei, ausgespannt ist übertrieben. Verliebt war nur die Crescentia in den Stanislaus. Wie heute noch. Wirklich locker gelassen hat sie nie. Dass der Stanislaus ein steinernes Herz hat, das erzählt nur die Crescentia. Weil er sich auch nach über 50 Jahren nichts mit ihr anfangen will. Darum ist sie, Leichenschmaus außen vor, ziemlich ang'fressen auf ihn. Nicht einmal jetzt, wo die Genoveva unter der Erde ist, reagiert er auf ihre Blicke. Dabei könnte er gerade in dieser schweren Stunde ein wenig Trost gut gebrauchen. Aber nichts zu machen. Aus Trost wird Trotz. Sie wirft ihm vor, ein besonders harter Brocken zu sein und dass sie wohl nie einen Stein bei ihm im Brett haben wird. Der Stanislaus tut so, als ob er nichts gehört hätte. Innerlich kommen ihm jedoch die Nierensteine hoch, wenn sie wieder zu kokett wird, die Crescentia. Eine neue Frau an seiner Seite? Vielleicht noch dazu dieses unmögliche Weibsbild? Ausgeschlossen! Sein Bild von einer Frau, das ist und bleibt seine bildhübsche, herzensgute Genoveva. Sie war stets der Fels in seiner Brandung. Vor der Steinigung. Nicht die Hochzeit mit Stanislaus. Die volle Wucht der Granitationskraft. Aus dem Unglücksfelsen hat der Stanislaus einen Grabstein für die Genoveva hauen lassen. In Stein gemeißelt steht darauf zu lesen:

Steinig war der Weg, auf dem Du
felslicherweise von uns gegangen bist.

GENOVEVA STEINER
(geb. Wagenfels)
12.03.1942 – 23.05.2013

Erst wollte der Stanislaus „Stark wie ein Felsen" eingravieren und das gleichnamige Lied von der Steffi Werger auf der Beerdigung spielen lassen. Aber die Halbschwester von der Genoveva, die Crescentia, die hat gemeint, das wäre zu makaber. Das war das einzige Mal in seinem Leben, dass der Stanislaus auf die Crescentia gehört hat.

Die zwei Halbschwestern waren für ihn wie Tag und Nacht. Die Crescentia schwarz wie Ebenholz, seine Genoveva eine Lichtgestalt. Ausgelöscht von einem riesigen Stein. An diesem unsäglichen 23. Mai. Den Sinn des Lebens sucht der Stanislaus seitdem, keine neue Frau. Aber das will die Crescentia nicht wahrhaben. Ginge es nach ihr, sie würde ihn über alles lieben, sodass einst auf seinem Grabstein stünde: „Aus Liebe zerdrückt". Doch an der Crescentia findet der Stanislaus rein gar nichts Liebliches. Optisch sowieso nicht und ihre schwulstigen Liebesschwüre klingen aufgesetzt und unglaubhaft, vor allem aber sind sie äußerst nervig. Nur der Genoveva zum Bosen hat sie ihn stets aufs Neue zu bezirzen versucht. Jetzt hat die Crescentia es in Wahrheit nur aufs Geld vom Stanislaus abgesehen. Nicht, dass er steinreich wäre, sicherlich kein Donald Trump, aber immerhin ein wenig auf die hohe Kante gelegt, das hat er sich schon, der Stanislaus. Die Genoveva, die war immer sehr bescheiden. Ganz im Gegensatz zur Crescentia. Aber das ist nur einer von vielen Stolpersteinen, die einer Beziehung zwischen den beiden im Weg liegen. Am schwersten wiegt wohl ihr krankhafter Neid. All die Jahre hat sie der Genoveva den Stanislaus keine Sekunde lang gegönnt. „Bevor Amors Pfeil mich trifft, geb' ich mir lieber die Kugel", sagt der Stanislaus. Und daran wird sich nichts ändern. Was immer sich die Crescentia noch alles einfallen lässt, beim Stanislaus beißt sie damit bestimmt auf Granit.

COUP DÄNEMARK

Bibi ist öko. Überdrüberöko. Mehr öko geht nicht. Ökostrom. Ökomode. Ökoklo. Und sonntags ökologischer Gottesdienst. Verehrung von Naturgöttern. Steine anbeten, Bäume umarmen, Mandalas in die Erde ritzen. Alles recht und schön. Nur er. Der kleine Samuel. Er kann sich nicht wehren. Samuel. Ein Ökoopfer. Naturfasern. Biowindeln. Das ist sein täglicher Stoff. Mehrmals. Aber dazu später. Alles öko. Natur pur. Bei Bibi. Fast alles. Denn ihr Samuel. Nur indirekt natürlich. Der kleine Scheißer. Ohne Zeugen. Ein aktloses Geschöpf. Seine Mutter. Penetriert. Nein. Infiltriert. Nein. Fertilisiert. In vitro veritas! Geschwängert von einem Samenspender aus Dänemark. Ganz legal. Von irgend so einem Sander. Oder Søren. Jedenfalls dänisches Bettenlager außen vor. Kein Schäferstündchen. Ärztlich besorgt. Besser gesagt versorgt. Das wollte sie so. Die Bibi. Sonst strikt öko. Nur beim Natürlichsten auf der Welt. Ein Rückzieher. Die eindringlichen Gespräche. Im Vorfeld. Mit ihrer Mutter Bärbel. Fruchtlos. „Bibi Kind, der Richtige kommt schon noch." Allein schon das „Bibi Kind" nervt Bibi. „Männer kommen und gehen. Der braucht gar nicht erst kommen. Es gibt andere Wege. Der kann bleiben, wo der Biopfeffer wächst." Da bleibt sie hart. Die Bibi. Ihr verzerrtes Männerbild verhindert ein Mannsbild an ihrer Seite. Daher. Beim Thema Nachwuchs. Stets Wickel mit ihrer Mutter. Keine Lockenwickler. Echte Nachwuchssorgen. Am Kopf und im Kopf. Die Bärbel. Die hat sich immer schon einen Enkel gewünscht. Oder zwei. Samt Schwiegersohn. Ein katholisches Vorzeigeenkerl. Nachehelich. Versteht sich. Wie ihre beiden Kinder. Mit ihrem Mann. Dem Viktor. Viktor Piccottini. Aber Nikotini haben alle gesagt. Die Bärbel nicht. Er war ihr Vickerl. Ihre große Liebe. Gott hab ihn selig. Raucherlunge. Raucherbein. Voriges Jahr. Ausgeraucht. Wurde eingeäschert. Der Vickerl. Jedenfalls. Der hätte auch immer gern Enkelkinder gehabt. Aber war nichts zu machen. Die Bibi. Nicht hetero. Nicht homo. Stattdessen öko und bio. „Auch eine Form von bi", meint Bibi.

Rennt dauernd rum. Die Bibi. In ihrem Ökostyle. Alles aus Biobaumwolle. Urbequem. Und sehr praktisch. Dieses Wickelgewand. Macht schon was her. So ein Sari. Mutter Bärbel fragte einmal allen Ernstes: „Sag, Bibi Kind, heißt nicht die Frau in deinem Ifon auch so?" Bibi antwortete gereizt: „Die heißt Siri, Mutter. Und sag nicht immer Bibi Kind zu mir." „Oh, meine Tochter ist wieder mal genervt. Hab' ich deinen wunden Punkt getroffen? Klar, Reizthema Ifon. Jetzt kommst du gleich wieder damit, wie toll so ein Ifon ist.

Dabei ist das ganz und gar nicht öko. Weil die von Äpple. Und die von Dim Sum. Alles Ausbeuter sind das. Nehmen den armen Entwicklungsländern die Rohstoffe weg. Ihre Gier nach Geld ist grenzenlos. Aber klar, für die Ökobraut, da ist beim Handy Schluss mit öko. Nur dem armen Samuel gönnst du den Komfort von Pampers nicht. Ein schlechtes Gewissen hast, Bibi Kind, sonst gar nichts." Bibi nahm Samuel auf ihren Arm und ging wortlos ins Kinderzimmer zur Wickelkommode.

Betreffend öko gehen die Wogen zwischen Mutter Bärbel und dem Bibi Kind oft hoch. Aber auch, was ihre Ansichten zu den Entwicklungsländern betrifft. Vor ein paar Jahren. Da war die Bibi kurzzeitig wie ausgewechselt. Wegen Sergio. Einem Entwicklungshelfer. Eigentlich meist am Einwickeln. Wundversorgung. Mitunter kleinere Operationen. Ein Arzt ohne Grenzen. Der Herr Doktor Sergio Holzer. Noch dazu ein fescher junger Mann. Der war zu Besuch im Waldorf-Kindergarten, in dem Bibi als Waldorf-Kindergärtnerin mit Schwerpunkt Waldpädagogik arbeitet. Indooraktivitäten sind selten. „Kinder sind Außenseiter", sagt Bibi. Und der Sergio. Der hat den Kindern vom Dschungelcamp erzählt. Nicht RTL. Von echten Versorgungscamps. Von Lazaretten im Regenwald und Rettungsstationen in den Wüsten. Draußen unter den Bäumen sind sie gesessen. Die Kinder. Im Kreis. Sind an seinen Lippen gehangen. Nicht nur die Kids. Vor allem die Bibi. Ganz fasziniert war sie von Sergio. Ganz ungewohnt. Bärbels Chancen auf Enkel schienen kurzzeitig gewaltig anzusteigen. Zumindest konnte sich Bibi in dem Moment die Zeugung eines kleinen Sergios sehr gut vorstellen. Am selben Abend hatte Bibi mit Sergio noch ihr erstes Date seit... seit überhaupt. Bei ihr daheim. Tischte ihm ihr Lieblingsessen auf. Vegetarische Krautwickel mit Tofufaschiertem und Dinkelreis. Doch nach Essen war ihr an dem Abend weniger als nach Vernaschen. Hin und weg war sie. Die Bibi. Der Sergio. Nur weg. Obwohl normalerweise kein Kostverächter. Doch die dunklen Haarbüschel, die dank Bibis Trägerkleid unter ihren Achseln hervorwucherten, ließen Sergio unter der Gürtellinie einen ähnlichen Wildwuchs vermuten. Als Bibi ihn dann noch in ein Gespräch über latexfreie Kondome verwickelte, suchte Sergio (öko)logischerweise rasch das Weite. Der Gang zur Toilette bot sich für ihn als geeigneter Fluchtweg an. Doch nichts mit Enkeln für Bärbel. Zumindest keine Nachkömmlinge auf herkömmliche Art.

Aber jetzt endlich zum Samuel. Ein Biowindelträger der ersten Stunde. Pampers und Co. verpönt bei Bibi. Sie muss stimmen. Die Ökobilanz. Auch beim Kacken. Samuel akzeptiert das. Gezwungenermaßen. Stoffwindelwickel und Muttermilchaufzucht. Er kennt es nicht anders. Am Busen saugen. Das hat was. Da ist er selig. Der kleine Samuel. Aber die Feuchtgebiete untenrum. Die bereiten ihm Probleme. Schoßgebete helfen ihm auch nicht. Und das mit sieben. Mit sieben Monaten. Wie das später wohl mal wird? Jedenfalls Stoffwindeln. Die benutzen heutzutage doch nur noch Drogendealer als Versteck. Pampers ultrahigh. Aber auch Bibi.

Zum Abdichten vom Samuel. Irgendwie schon dicht das Zeug. Wenn genug Lagen herumgewickelt sind. Allerdings Feuchtigkeitsstau im Inneren. So eine Stoffwindel. Ein wahres Urinalbiotop. Doch Bibi schwört auf Biostoffwindeln. Auch ihre Möbel. Absolut öko. Direkt vom Tischler. Unbehandelt. Schon in Form gebracht. Die meisten aus Eiche. So wie die Wickeltische. Bibi hat drei davon. Zumindest liegen auf jedem Stoffwindeln. Am Wohnzimmertisch. Am Küchentisch. Und am echten Wickeltisch. Nur nicht am Esstisch. An dem wird auch reingewickelt. Aber Kohlrouladen und anderes Biozeugs.

Bibi ist ein begeisterter Fan von „Wickli und die starken Frauen". Eine Selbsthilfegruppe von Ökotanten auf YouTube. Die Snorre. Die gibt dort wöchentlich Wickeltipps auf Wickelodeon. Die schaut sich die Bibi an. Voller Verzückung. Die ganze Woche. Vorfreude. Freitag ist Wickeltag auf Wickelodeon. Sonst täglich zweimal. Mindestens. Je nach Wasserstand. Momentan gibt es keine neuen Wickelvideos. Dafür Wickel mit Nickelodeon. Rechtsstreitigkeiten. Wegen dem ähnlichen Namen. Bibi schimpft auf den Sender: „Schicken die glatt einen Wickeladvokaten vor. Unglaublich!" Bibi will neue Wickelodeon-Videos. Jeden Freitag. Pünktlich um 13:00 Uhr. Da wird es normalerweise online gestellt. Das Video der Woche. Jede Woche ein neuer Wonneproppen, der mit Stoff versorgt wird. Ohne Videos. Da fehlt der Bibi was. Das muss ein Ende haben. Sie hofft auf eine baldige Abwicklung. Wenn sie könnte, sie würde sie windelweich klopfen. Die Verantwortlichen bei Nickelodeon. Dem Samuel hingegen. Dem geht das am Arsch vorbei. Juckt ihn kein bisschen. Dieses Tamtam um die Wickelvideos. Was ihm zusetzt. Das ist sein Hautausschlag im Bereich der Stauwasserzone. Ein echtes Problem. Ganz abgesehen von der Optik. Die Pusteln jucken wie Sau. Davon sieht man in den Wickelvideos freilich nichts. Der arme Samuel. Sicher nicht das einzige Stoffwindelopfer. Weltweit leidet er. Der vermeintlich verhätschelte Ökogenerationsnachwuchs. Die besten Salben helfen nicht. Weder Ringelblume. Noch Kamille. Auch mit Hanföltinktur keinerlei Besserung in Sicht. Die Wickel mit frischen Korianderblättern wirkungslos. Kortison. Das kommt Bibi sicher nicht ins Haus. Und schon gar nicht auf Samuels Haut.

Bibi ist völlig verzweifelt. Was macht sie nur falsch? Sie wickelt strikt nach Anleitung. Sie hat sogar schon überlegt, den Samuel als Wickelkind der Woche zu filmen. Wenn da nur nicht diese unansehnlichen Pusteln, Bläschen und Rötungen überall wären. Vollkommen überfordert. Bibi braucht dringend eine Auszeit. Ein paar Tage weg. Ein Yogaseminar wäre fein. Anti-Gravity-Yoga? Oder Sivananda-Yoga? Oder doch besser Hormonyoga? Schwierige Entscheidung. Vielleicht doch lieber auf die Alm. Auf einen Biobauernhof in der Nähe. Die Natur erleben. Hautnah. Bleibt immer noch die Frage. Wohin mit Samuel? Ob Mutter Bärbel ihn versorgen kann währenddessen? Ob sie das mit den Stoffwindeln hinbekommt? Ob sie den Bio-Pastinaken-Karotten-Brei wohl richtig zubereitet? Ob sie wohl nicht vergisst, morgens die Blutwurz- und abends die Korianderblätterwickel aufzulegen? Ob sie die Schüßler-Salze wohl nicht verwechselt? Sorgen über Sorgen. Bibi voll im Wickelwackel. Es kostet sie jedenfalls jede Menge Überwindung, ihr Ein und Alles einfach so zurückzulassen. Oma und Samuel stecken doch sicher unter einer Wickeldecke. Dennoch. Nach endlosem Abwägen der Fürs und Widers gibt Bibi Siri den Befehl: „Mama anrufen." Mutter Bärbel wird das Kind schon schaukeln. Und wickeln natürlich auch.

Ja! Natürlich. Mutter Bärbel hat sofort zugesagt. Trotz strengster Wickelauflagen. Sie hat Bibi sogar angeboten, sie hinzubringen zum Biobauernhof. Doch etwas weit mit dem Fahrrad. Noch dazu mit Koffer. Beziehungsweise im Fall von Bibi mit einem alten, verwaschenen Batikhanfseesack. Gesagt, getan. Das Bibi Kind abgeliefert. Samuel in Obhut genommen. Endlich ein paar Tage alleine mit ihrem Sonnenschein. Die zwei Seiten „Nicht vergessen" von Bibi hat die Bärbel gleich entsorgt. Wäre doch gelacht. Schließlich weiß sie, wie man Kinder großzieht. Bärbels Bruder Bernd, für Mutter Bärbel mit 34 immer noch ihr Bubi, misst immerhin 1,97 Meter. Und was den Samuel angeht. Da ist sich die Bärbel ohnehin sicher. Der Hautausschlag kommt von diesen widerlichen Stoffwindeln. Daher. Der erste Weg von Bärbel und Samuel direkt in den Drogeriemarkt. Pampers braucht der kleine Mann. Davon ist Bärbel überzeugt. Eine Flasche Penaten-Creme noch dazu. Denn die kommenden fünf Tage soll er es schön haben. Der Samuel. Vor allem aber trocken.

Und siehe da. Schon am zweiten Tag zeigen die New-Baby-Ultrasensitive-Premium-Protection-Skin-Health-Windeln ihre Wirkung. Immerhin besitzen die um 50 Prozent mehr hautpflegende Inhaltsstoffe als die Baby-Dry-Micro-Pearl-Premium-Protection-Windeln. Mit doppeltem Absorbiersystem. Eine Wohltat für Samuels stoffwindelgeschundenen Babypopo. Und der Urinindikator zeigt Oma Bärbel verlässlich an, wann die Windel feucht wird und ein Boxenstopp für den kleinen Samuel ansteht. Die Ökobilanz nach vier Tagen. Alles in trockenen Tüchern. Und Samuel strahlt wie lange nicht mehr. Im Gesicht. Und die Rückseite. Die erstrahlt auch in neuem Glanz. Nur noch leichte Spuren eines Pavianhinterns zu sehen. Vermutlich wird am fünften Tag auch diese Reströte noch verschwinden. Doch morgen ist es schon wieder an der Zeit, die Bibi abzuholen. Dann hat sie daheim wieder die Wickelhosen an. Armer Samuel. Das gibt mit Sicherheit wieder ausreichend Stoff, dass sich daraus eine weitere Geschichte entwickelt, die Samuel dann später seiner Therapeutin erzählen kann. Aber vielleicht schafft es Mutter Bärbel in der Windelfrage doch noch irgendwie, ihr ökofanatisches Bibi Kind um den Finger zu wickeln und Samuel ein bleibendes Wickeltrauma zu ersparen. Wenn sie es jetzt nicht kapiert hat, dass die Stoffwindeln dem Kleinen nicht guttun, dann sieht Mutter Bärbel rot. Dann hat sich ihr Bibi Kind einen ökologischen Fußabdruck verdient. So ein Tritt in den Hintern kann bekanntlich mitunter wahre Wunder bewirken.

LEUCHTDIODE AN DIE FINSTERNIS

So ein Schatten auf der Lunge rückt das Leben in ein ganz anderes Licht. Glück gehabt. Torstens Arzt meinte zwar, er habe schon einen gewaltigen Schatten und dass er eigentlich in die Klapse müsste, doch es ist weder lebensbedrohlich noch Gefahr im Verzug. Somit darf Torsten Lamprecht vorerst weiter unter den Normalen weilen und ein freies Leben führen. Nächste Kontrolle in drei Monaten. Dann wird Torsten aufs Neue durchleuchtet. Vom Herrn Doktor Lichtenegger.

Wie gut beziehungsweise wie schlecht es um Torsten psychisch steht? Am besten, wir bringen gleich mal Licht ins Dunkel. Torsten führt ein ziemliches Schattendasein. Nicht nur in Bezug darauf, dass er oft neben sich steht. Nein. Es ist die Gesamtsituation. Die wirft kein gutes Licht auf ihn. Aber beginnen wir ganz vorne. Im Anfang war das Licht. Und Torsten sprach: „Es werde Licht!" Doch es blieb finster. Torstens Leben war einfach nicht für die Sonnenseite bestimmt. Nicht nur wegen seiner hellen Haut. Auf der Schattseite des Ossiacher Sees als Auswuchs der Flower Power unter teils immer noch vorhandener strenger Verachtung der Dorfbewohner außerehelich gezeugt, der typischen Kärntner Hochzeit seiner Eltern brautkleidwölbend beiwohnend verließ Torsten seinen dunklen Geburtskanal muttermündlicherseits in ungeschnittener Originalverfassung mit mehrwöchiger Verfrühung. Seine anschließende düster-beschwerliche Kindheit an den Gestaden des Sees ließ den kleinen Torsten wahrlich nicht zu einer Lichtgestalt heranreifen. Doch es scheiterte nicht nur am Licht, sondern vor allem an der Reife. So zuvorkommend Torsten seit seiner Geburt auch stets war, seine geistige Zurückgebliebenheit kann er damit nicht überschatten.

Endlose Lichtlosigkeit ließ nicht nur Torstens postpubertäre Adoleszenz in Schattengeschwindigkeit vergehen. Auch in den Folgejahren seiner Mannwerdung schaffte er es nie über eine kurzzeitige Lumineszenz, sprich ein kaltes Leuchten, hinaus. Inzwischen ist Torsten sichtlich gealtert. Ohne jegliche Highlights. Ausschließlich dunkle Seiten haben sein bisheriges Leben beherrscht. Als er letztens sein Antlitz im schummrigen Licht des Alibert genauer betrachtete, stellte Torsten mit Entsetzen fest, welch eklatantes Fehlverhalten die Region oberhalb seines Stirnansatzes mittlerweile an den Tag legt. Nicht nur, dass der Stirnansatz nahtlos in seinen wulstigen Nacken übergeht, auch an den Seiten ist sein einst gelocktes Haupthaar bloß noch spärlich in Ansätzen und bei gutem Licht erkennbar. Der Erkenntnis dieser altersbedingten Tatsache, er geht immerhin auf die 46 zu, musste Torsten in seiner gewohnten Art prompt lyrisch Ausdruck verleihen, um sie für seine Nachwelt zu erhalten, ungerührt von seiner Kinderlosigkeit infolge unvorhandener Paarungspartnerin:

Mit Haupt und Haar

Lichter, lichter, immer lichter.
Die Sonne scheint auf kahle Stellen.
Früher war dein Haar noch dichter.
Heute glänzt dort nun im Hellen
deine Glatze frisch poliert.
Wo der Haare Leuchtkraft einst
lichterfüllt und unschattiert,
du oben ohne nun erscheinst.

Einerseits mächtig unterbelichtet. Der Torsten. Andererseits verborgene Talente. Gut. Er kennt es nicht anders. Ist die Schattenseite gewohnt. Aber irgendwie hat er es satt, immer nur im Rampenschatten zu stehen. Irgendwann einmal ein Star sein. Ein leuchtender Stern. Nur kurz aufflackern. Die Sonne spüren. Ihre Wärme. Ihr Strahlen. Sich in sie verlieben. Nicht in die Sonne. In die Hella. In Hella Finster. Ihr tief in die Augen schauen. Wenn ihr Augenzwinkern einen Lidschatten auf ihn wirft. Ein seltener Lichtblick. Bereits als kleine Leuchtstoffgöre stellte Hella nach Ansicht von Torsten alle anderen Mädchen in den Schatten. Heute wünscht er sich, gemeinsam mit ihr im Dunkeln zu munkeln. Vielleicht auch mal zu schunkeln. Auf der Couch. Im Schattenkabinett. Das wäre schön. Aus Teelichtern ein Herz basteln. Auf die Lichtorgel pfeifen. Stattdessen Schattenspiele an der Wand. Je t'aime statt Schatten.

Dann wieder Einsamkeit. In ihr hört Torsten gerne Peter. Nicht Peter Maffay. Peter Licht. Weder auf dem Sonnendeck. Noch im Solarium. Ist er dann. Sonnenallergie. Pflichtschutzfaktor 50 plus. Fahren mit Licht. Auch bei Nacht. Oder im Aquarium. Glitzerglitschige Leuchtfische. Meist jedoch im Delirium. Da trifft man ihn am ehesten an. Da liegt er dann. Der Torsten. Stundenlang. Abgedunkelter Raum. Bis auf die Lampe Dusa. Nicht aus dem IKEA-Katalog. Die Schattenseite der Kriege in Afrika. Doch back to Torsten. Light-Produkte. Mager. Mag er. Acht Lux sind nur ein Lichtwert. Lichtpunkte sammeln. Im Lampengeschäft. Die Sache ins rechte Licht rücken. Mehr Brutto vom Netto. Chateaubriand. Dazu einen Château Lafite. Gault Millau. Rotweinmilieu. Lichtig oder farsch? Wirre Gedanken. Immer wieder. Ausweglos. Kein lichtungsweisendes Schild, das ihn aus seiner Dunkelhaft über den eigenen Schatten springend des Weges geleitet.

Wie auch immer. Torsten hätte gerne einen Zaun. Aber bitte schlicht. Und mit Latten. Allerdings, rein schattistisch betrachtet kein Licht für Torsten in Sicht. Oder vielleicht doch. Eines. Das nahende Schlusslicht.

Den Kontrolltermin beim Doktor Lichtenegger. Den

hat der Torsten sausen lassen. Es geht auch ohne Röntgenstrahlen. Er. Nein. Er braucht doch keinen Arzt. Davon ist er überzeugt. Ohnehin überstrahlt Torstens alternative Heilmethode alle anderen. Diese hat er sich und seinem angehenden Leuchtkörper selbst verordnet. Paartherapie. Er und Hella Finster. Zumindest in seinen Gedanken. In Wahrheit. Stockdunkel im Parterre. In seiner Garçonnière. Untermiete. In der Schattensiedlung. Am Südufer des Sees. Hella hingegen heiratet Harald Heller. Kommenden Sonntag. Sicher eine der dunkelsten Stunden in Torstens lichtdurchebbtem Leben. Wenn er sich da mal nur nicht selbst das Licht ausknipst...

FOIE KRASS

Vormittags. 500 Hühner. 300 Puten. 150 Wachteln. Und jetzt auch noch... Nein! Ente. Job. Pfui. Ich kann nicht mehr. Ich muss weg. Weg aus dieser Firma. Dem Geflügelbetrieb Federer. In Putlitz. Den lieben langen Tag nichts als morden. Hühner. Enten. Gänse. Tag für Tag. Ich bin ein Massenmörder. Schlimmer noch. Ein Auftragskiller. Langsam, aber sicher platzt mir der Kragen. Ständig diesem armen Federvieh an den Kragen gehen. Nein. Aus. Schluss. Vorbei. Es hat sich ausgevögelt. Für mich.

Holger Fuchs war verzweifelt. Er konnte es einfach nicht mehr. Abends seinem Sohn Nils unschuldige Geschichten von Fluggänsen und ihren Fluggästen vorlesen und am nächsten Morgen den armen Tieren wieder den Hals umdrehen. Nils, Holgers Sohn, gerade mal vier Jahre jung, wusste vom Beruf seines Vaters nichts. In Nils' Vorstellung waren Gänse die besten Freunde des Menschen, mit denen sie gemeinsam die tollsten

Abenteuer erlebten. Der kleine Mann liebte die Gänse aus den lustigen Erzählungen seines Vaters. Hätte Nils auch nur die leiseste Ahnung, dass sein Papa seinen geliebten Gänsen bei der Arbeit nicht nur eine Feder krümmt, er würde wohl für jede einzelne Gans einen Strauß Gänseblümchen pflücken und an ihr Massengrab bringen. Zur Gefriertruhe im Supermarkt. Ein schrecklicher Gedanke. Würde Nils erfahren, womit sein Vater sein Geld verdient, würde ihm nicht nur eine Gänsehaut über den Rücken laufen. Es würde ihm sein kleines Herz brechen und er könnte seinem Vater wohl nicht mehr in die Augen schauen. Darum beschloss Holger am Freitag nach getaner Arbeit: Es reicht. Schließlich wollte es Holger nicht darauf ankommen lassen, mit seinem Sohn in dieser Angelegenheit ein Hühnchen rupfen zu müssen. Sein Entschluss, zu kündigen, stand fest.

Zum militanten Vegetarier würde Holger deshalb jedoch nicht über Nacht werden. Gans und gar nicht. Besonders nicht zu Martini. Mit Knödel und Blaukraut. Dazu glacierte Maroni. Darauf wollte er nicht verzichten. Nur noch Martini Bianco statt Martinigans, so weit wollte er nun auch wieder nicht gehen. Sich ab und zu eine feine Foie gras reinzustopfen, von der gemästeten Biogans, die dafür nicht nur ins Gras beißen musste, das gilt als kulinarischer Leckerbissen. Das musste auch in Zukunft noch ab und zu drin sein. Holger wollte nur nicht mehr selbst Hand anlegen. Er konnte keiner Gans mehr etwas zuleide tun. Sein Morden musste ein Ende haben. Das war er Nils schuldig. Wäre es ein

Vogelstrauß, dem er den Garaus machen müsste, da hätte er keine Skrupel, denn ein Strauß ist bereits zu Lebzeiten so kleinhirnig und doof, dass er sich an seinen Tod ganz sicher nicht erinnern könnte. Tatsache. Das Straußenhirn hat Erbsengröße. Eigentlich müsste es heißen dummer Strauß und nicht dumme Gans. Wie auch immer, jedenfalls wollte Holger keinesfalls irgendwann als Mörder in den Augen seines Sohns dastehen.

Der nächste Tag. Es war Wochenende. Holger packte seinen Sohn und fuhr mit ihm raus aufs Land. Auf einen Biogänsehof. Dort wollte er mit Nils gemeinsam die Gänse füttern. Nils' Augen strahlten, als er die ersten Gänse in der Ferne erblickte. Es bedurfte keiner geflügelten Worte, denn Kindermund tut Wahrheit kund. Und so wurde es Holger ganz warm ums Herz und er war mächtig stolz auf seinen Sohn, als er hörte, mit welcher Freude Nils die Gänse zum Füttern an den Zaun heranzulocken versuchte: „Put. Put. Put. Putlitz."

Dass er seinen Beruf seinem Sohn zuliebe an den Nagel hängen würde, war für Holger Fuchs so sicher wie die Olive im trockenen Martini. Dieser Moment bestärkte ihn darin, die richtige Entscheidung getroffen zu haben. Der kleine Nils fütterte die Gänse mit einer derartigen Wonne und kindlichen Begeisterung, am liebsten hätte er einen Gänserich einfach so mit nach Hause genommen und ihm den Namen Martin gegeben. Als Nils seinen Vater fragte, ob sie einen mitnehmen könnten, wusste Holger zunächst nicht, was er darauf erwidern sollte. Nils' große Augen wechselten die Blicke zwischen seinem Vater und dem Gänserich. So hatte Holger seinen Sohn noch nie gesehen. Ihm seine Bitte, wie unzählige Gänseköpfe zuvor, abzuschlagen, das brachte Holger nicht übers Herz. Es muss wohl eine Kurzschlusshandlung gewesen sein, die den eben erst bekehrten Gänsemörder zum Gänsedieb machte. Holger schnappte sich den Gänserich, rannte gemeinsam mit Nils an der Hand und Martin auf dem Arm so schnell sie konnten zum Wagen und fuhr los. In Gedanken hörte sich Holger abends am Bett von Nils schon das Lied singen „Fuchs, du hast die Gans gestohlen, gib sie nie mehr her".

Gans fertig ist diese Geschichte freilich noch nicht, trotzdem ist an dieser Stelle einmal Ente angesagt. Es kräht ohnehin weder ein Hahn noch pfaucht ein Pfau danach. Wie es weitergeht mit Fuchs und Gänserich, ob sich Martin zur goldenen Gans mausert oder ob er zu Martini in die Pfanne gehauen wird, das hängt einzig und allein davon ab, ob Sie sich ein Happy End wünschen oder auf ein Happy Meal in der Dauntown von Putlitz freuen.

GmbH – Gesellschaft mit begrenzter Humanität oder Gassigehen mit böllendem Heinrich

Die Humanwissenschaft forscht. Die Medizin auch. Gut so. Gregor liebt ihn. Seinen Border Collie. Auch gut. Der Heinrich. Sein bester Freund. Sehr gut. Der Charakter. Vom Heinrich. Auf sein Borderline-Syndrom hingegen. Darauf könnte er verzichten. Der Gregor. Gut und gerne. Doch er muss sich damit arrangieren. Gezwungenermaßen. So gut es geht. Und das schon seit mehr als drei Jahren.

Begonnen hat alles in den Achtzigerjahren mit diesem tellerrandüberschauenden Gedanken eines gemeinsamen Europas. Eines Europas ohne Grenzen. Da stand der Gregor mitten in der Blüte seines Lebens. Als vollwertiges Mitglied der Gesellschaft keineswegs an deren Rand gedrängt. Sein Hoheitsgebiet: der Grenzposten in Thörl-Maglern. Zöllner von Beruf. Hoch angesehen, besser gesagt meistens eher unschuldig, von jenen Insassen mit dem schlechten Gewissen, die zitternd in ihren Billigzigarettenschmuggelfahrzeugen die Grenze zwischen Italien und Österreich passierten. Für die hatte der Gregor einen besonderen Riecher. Da war er grenzgenial. Reihenweise klatschte er sie auf, diese unverbesserlichen Gelegenheitsschmuggler. Stangen- und literweise Schmuggelwaren im Kofferraum, im Handschuhfach, bei den besonders Kreativen in den seitlichen Abdeckungen verstaut. Rauchige Sitten waren das damals. Heute lachen wir darüber. Die Grenzen sind offen. Wenn heute noch etwas geschmuggelt wird, dann die Ware Mensch. Doch im Jahr 1995 kam Schengen, mit Dezember 1997 der Wegfall der Kontrollen an den österreichischen EU-Grenzen. Den Rest kann man sich zusammenreimen: offene Grenzen, Zollbeamtenüberschuss, im Jahr 2004 dann die Versetzung zur Polizei. Und das mit 49. Vermutlich der Auslöser dafür, dass Gregor mit dem Borderlinen angefangen hat. Irgendetwas muss da eine Schranke, in Gregors Fall eher einen Grenzbalken, in seinem Gehirn gelöst haben. Die Diagnose hatte ihm seine Grenzen aufgezeigt. Vorerst war es aber noch auszuhalten, das heißt, er war noch auszuhalten, für seine Mitmenschen und sich selbst. Zunächst freuten sich seine Freunde und Bekannten sogar für ihn, als er ihnen vom Borderlinen erzählte. Endlich, sagten sie, habe er ein Hobby gefunden, das ihn beschäftigt und ablenkt. Erst als Gregor ihnen erklärte, dass es sich dabei um keine Trendsportart à la Inlineskaten handelt, wurden sie stutzig und ihre Freude wich Mitleid. Schlussendlich wichen auch die besten Freunde von seiner Seite.

„Emotional instabil im Hinblick auf zwischenmenschliche Beziehungen sowie auf das Selbstbild", lautete ein Teil der Diagnose. Mit linearem Fortschritt seiner Borderline-Erkrankung kam nach und nach der Rückzug. Sogar dem Grenzlandchor Arnoldstein kehrte Gregor den Rücken. Dabei war das Singen über all die Jahre sein Ein und Alles gewesen. Neben Heinrich natürlich und zuvor Inka. Nein, Inka ist keine Border-Collie-Dame. Das war Gregors Frau aus erster und letzter Ehe. Anfangs hatte sie ihm noch zu helfen versucht, sich ernsthaft bemüht, zu retten, was nicht mehr zu retten war, doch Gregor war unverbesserlich und zuckte schon bei Kleinigkeiten aus. Beim Einkaufen reichte es bereits, wenn sich jemand bei den Einkaufswägen, zumeist gar nicht bewusst, vor ihn drängte. Sein argloses Gegenüber, sein Vorihm genauer gesagt, machte er in solchen Momenten derart zur Sau, dass die Hälfte genug gewesen wäre. Aber auch am Polizeiposten stänkerte er die Freund und Hilfe suchende Kundschaft wegen seiner Ansicht nach Lappalien immer wieder an. Unter anderem eine ältere Dame, die Anzeige erstatten wollte, weil die Nachbarskatze ihre Geschäfte tagein, tagaus in ihren Petunien erledigte. Was sie sich eigentlich erlaubte, ihn wegen so einem Scheißdreck beim Kartenspielen mit den Kollegen zu stören. Alte Schachtel, depperter Trampel und schaßaugate Schabrack'n waren noch die höflicheren Bezeichnungen, mit denen Gregor sie verbal attackierte. Völlig verstört und eingeschüchtert war sie mit ihrem Dackelmischling wieder raus aus der Polizeistation. Allerdings flatterte wenige Tage später ein saftiger Beschwerdebrief bei Gregors Vorgesetztem herein. Und nachdem das nicht das erste und sicher auch nicht das letzte Mal war, folgte nach der bereits erfolgten Strafversetzung in den Innendienst nun der nächste Schritt: die Suspendierung vom Dienst. Jetzt war die Kacke noch mehr am Dampfen. Daheim bekam Inka von da an die volle Wucht seiner Wutausbrüche ab. Gelegentlich wurde Gregor gar handgreiflich. Das war unerträglich und keinesfalls ungefährlich. Abgesehen davon verlief ihr gemeinsames Leben längst nicht mehr auf einer Linie. Es war nur noch eine Frage der Zeit, bis sich ihre Wege trennten und Inka einen Schlussstrich unter die zerrüttete Beziehung ziehen würde. Verflixtes zweiundzwanzigstes Jahr.

Den Wechsel zur Polizei, trotz Grenzgang mit der Waffe, den hätte Gregor mit der Zeit sicherlich irgendwie weggesteckt, aber dass er den Job und dann auch noch die Inka verloren hatte, das gab ihm den Rest. BPS war die vermeintlich unvermeidliche Folge. Nicht Beats Per Second. Borderline-Persönlichkeitsstörung. Die vielen Veränderungen Schlag auf Schlag, die waren zu viel für Gregor. Mit der Trennung von Inka war sein Leben schließlich völlig aus dem Takt geraten. Obwohl Inka fast zwei Jahre lang um ihre Beziehung gekämpft hatte, kam es für Gregor dennoch wie aus heiterem Himmel. Doch die Scheidung war unausweichlich gewesen. Purer Selbstschutz von Inka. Dabei war sie doch seine große Liebe. Kellnerin mit Inkasso war sie früher im Grenzlandstüberl. Das war seinerzeit Gregors Stammkneipe, sein zweites Wohnzimmer, seine zweite Heimat. Viele Jahre war alles eitel Wonne. Dann Jobwechsel, Job weg, Inka weg. Harte Zeiten. Gregor fand keinen Halt mehr. Nach und nach wurde er aus der Gesellschaft ausgegrenzt, zumal er sich durch sein immer absonderlicheres Verhalten selbst ausgrenzte. Sogar seine einstigen Kumpel erklärten ihn schlicht und ergreifend für grenzdebil. Sie wollten nichts mehr mit ihm zu tun haben, ließen ihn fallen wie einst die Mauer.

Gemeinsam mit Heinrich harrt er nun seit dem Auszug von Inka der Dinge. Nicht nur auf den Hund gekommen nach der Scheidung, auch den Dalai Lama verehrt der Gregor seit geraumer Zeit. Es gilt für ihn, die eigenen Grenzen ständig neu auszuloten, denn bei seinen häufiger werdenden Wutausbrüchen hat er sich immer weniger im Griff. Das Ganze einfach so wegzulächeln wie der Dalai Lama, das gelingt ihm nicht. Daher versucht er, sich immer wieder durch neue Herausforderungen seine eigenen Grenzen vor Augen zu führen. Oder eher auf den Gaumen. Wie neulich. Gregor nahm an einem Chiliwettessen teil. Was ihn an solchen Aktionen reizt, das ist nicht nur sein Magen. Er braucht es hin und wieder, seinem Körper selbst Schmerzen zuzufügen. Waren es früher scharfe Messer zum Ritzen gewesen, musste der Reiz mit der Zeit immer stärker werden. Es bedarf für Gregor ständiger Steigerungen, um tatsächlich Schmerzen zu empfinden. Er sucht darum nach immer wahnwitzigeren Möglichkeiten, seinen Körper in die Schranken zu weisen.

Beim Chiliwettessen ist nicht die Menge der verzehrten Schoten für den Sieg entscheidend, sondern der Schärfegrad, bis zu dem man sich durchbeißt. Was die kleinen Teufelsdinger so scharf macht, das nennt sich Capsaicin. Die Schärfe wird in Scoville gemessen. Pfefferoni und Tabascosoße, bei denen manch zartbegaumtes Geschöpf schon aufheult, nehmen sich noch recht harmlos aus. Auch Jalapeño-Chili, Cayennepfeffer, Piri-Piri und Habaneros sind nicht einmal der Vorhof zur Hölle. Prickelnd wird es erst ab zwei Millionen Scoville, was genau so viel ist wie in handelsüblichem Pfefferspray enthalten. Dieses eignet sich zum Kochen allerdings ganz und gar nicht. Es gibt höchstens dem Spruch „Das Auge isst mit" eine gänzlich neue Bedeutung. Eine Chilizüchtung namens Trinidad moruga scorpion besitzt ebenfalls rund zwei Millionen Scoville. Bei Carolina Reapers, der schärfsten Chilizüchtung der Welt, bleibt mit Sicherheit kein Auge mehr trocken. Und die Mad Dog 357 No. 9 Plutonium haut einem dann endgültig die Sicherungen raus. Sie ist mit neun Millionen Scoville die höllischste Chilisoße der Welt und bringt Gregor nicht nur heftigst zum Schwitzen, Schnaufen und Weinen, sondern auch um den Finalsieg beim Wettbewerb „Hottest Man Alive". Es hatte ihn jede Menge Überwindung gekostet, unter so viele Menschen zu gehen und daran teilzunehmen. Doch die Chance, an diese geballte Ladung Chilisorten heranzukommen, ließ ihn letztendlich seine Komfortzone verlassen und sich der schmerzlichen Grenzerfahrung stellen. Nie hätte er damit gerechnet, den zweiten Platz zu belegen, nachdem er zu Hause lediglich bis zur Sorte Bhut Jolokia mit einer Million Scoville geübt hatte und dabei schon beinahe erstickt wäre. Somit ist der Stockerlplatz für Gregor im doppelten Sinn ein schmerzlicher Erfolg.

Selbstverständlich stand der Bewerb unter ärztlicher Aufsicht, so wie Gregor ohnehin auch unter ärztlicher Beobachtung steht. Scherzhaft nennt er seine Arztbesuche inzwischen Grenzkontrollen. Nicht ganz, ohne mit Wehmut an seinen alten Job zu denken. Es fällt ihm auch immer schwerer, Freude zu empfinden. Die wenigen Momente, die ihn wirklich glücklich machen, sind jene, in denen er mit Heinrich spielt. Dann ist seine Freude überbordend. Heinrich ist ausgesprochen gut erzogen und folgt aufs Wort. Am meisten Laune macht Gregor der Befehl „Heinrich, bell!", wobei er nicht widerstehen kann, ihn bewusst als „Heinrich Böll" auszusprechen. Und dann bellt er drauflos und Gregor strahlt wie ein Honigkuchenpferd. Da schafft er es tatsächlich, für ein paar Minuten alles um sich herum zu vergessen und sich keinerlei Beschränkung zu unterwerfen. Das mit Heinrich Böll hat übrigens die Bewandtnis, dass dem Gregor damals, als das mit dem Ritzen bei ihm anfing, unverhofft die Kurzgeschichte „Der Mann mit den Messern" von Heinrich Böll zwischen die Finger gekommen war. Zwar geht es darin überhaupt nicht um BPS, sondern um die SS. Dennoch konnte er sogleich mit dem Protagonisten mitfühlen. Ein Oberleutnant der Wehrmacht ersetzt nach dem Krieg für den Messerwerfer Jupp die fehlende Bühnenpartnerin im Varieté Sieben Mühlen und begreift bald, dass er nun einen neuen Job und einen neuen Chef hat. Gregor erkannte beim Lesen gewisse Parallelen zu seinem Leben. Auch wenn Gregor sich der Gefahr von Messern selbst aussetzte, die abwertenden und ablehnenden Bemerkungen seiner bis dahin guten Freunde trafen ihn wie spitze Pfeile. Heinrich weiß von alldem nichts. Er ist lediglich folgsam. Seinem Herrchen treu ergeben. Den Befehl zum Böllen führt er ebenso brav aus wie „Sitz!", „Platz!" und „Bei Fuß!". Gregors Liebe zu Heinrich ist grenzenlos. Doch nicht nur Heinrich ist Gregors ständige Begleiterscheinung, auch das Borderline-Syndrom bringt zunehmend mehr Komorbiditäten mit sich.

Beim abendlichen Fernsehen plagen Gregor seit Wochen ein verstärktes Aufmerksamkeitsdefizit und Desinteresse. Auch wenn er es einmal ohne einzuschlafen schafft, eine Folge von „CSI" bis zum Ende zu schauen, der Handlung kann er nur sehr mühsam folgen. Von Hyperaktivität ist bei Gregor nichts zu merken. Bislang wurde auch kein ADHS als weiteres Krankheitsbild diagnostiziert. Wenigstens etwas. Umso stärker quälen ihn indessen seine Depressionen. Früher kannte er das damit verbundene Verhalten nur von Inka, hatte es jedoch immer verharmlost. Jetzt, wo er selbst in der Scheiße steckt, merkt er erst, dass das Ganze wohl auch bei Inka keine Launen waren und dass seine

Schübe ganz sicher keine Einbildung sind. Besonders schlimm erwischt hat es ihn jedoch bald nach seiner Suspendierung: Grenzzoneninfarkt.

Die hirnversorgenden Arterien unterliegen einer Autoregulation. Diese Autoregulation hält den zerebralen Blutdruck bei Schwankungen innerhalb gewisser Grenzen (nach oben oder unten) des systemischen Blutdrucks konstant, um eine ausreichende Perfusion des Gehirns zu gewährleisten. Bei länger andauerndem Blutdruckabfall im systemischen Kreislauf (z. B. durch eine protahierte, übermäßige medikamentöse Blutdrucksenkung) werden die hirnversorgenden Arterien im Zuge ihrer Autoregulation maximal dilatiert. Dies hat zur Folge, dass die proximalen Abgänge relativ mehr perfundiert und die distal gelegenen (End-)Äste nicht mehr ausreichend versorgt werden. Dadurch kommt es zu einer Ischämie in deren Versorgungsgebiet („Prinzip der letzten Wiese"). Hält diese Ischämie über längere Zeit an, kommt es in den entsprechenden Endstromgebieten zu Infarkten. Da sich diese Infarzierungen an den Überlappungsstellen der Endstromgebiete zweier Hirnarterien (z. B. A. cerebri media und A. cerebri anterior) befinden, spricht man von einem Grenzzoneninfarkt. (Quelle: DocCheck Flexikon)

Der gesamten Tragik zum Trotz scherzte Gregor bei seinem letzten Arztbesuch noch: „Mit offenen Grenzen hat alles angefangen, mit verschlossenen Gefäßen wird es enden." Den Weisheiten des Dalai Lama schenkt er nach allem, was er in letzter Zeit durchmachen musste, keinen Glauben mehr. Vielmehr sucht Gregor nun in den Grenzwissenschaften einen Ausweg aus seiner misslichen Lage. Doch auch die parawissenschaftlichen Theorien, aufbauend auf der galligen Phrenologie mit ihrer Zuordnung der Hirnareale, sowie diverse Ansätze und Denkmuster der anthroposophischen Medizin lassen Gregor schnell an die Grenzen des Brauchbaren stoßen. Es ist zum Verzweifeln.

Sonntagnachmittag. Gregor sitzt auf der Couch. Heinrich schläft neben ihm. Das gemeinsame Herumtollen, das beiden so viel Freude bereitet, ist seit dem Schlaganfall nur noch begrenzt möglich. Im Hintergrund läuft seit einer knappen Stunde Madonnas „Borderline" in Endlosschleife. Plötzlich greift Gregor zur Fernbedienung und schaltet die Stereoanlage ab. Zögerlich stupst er Heinrich an und gibt ihm den Befehl „Heinrich Böll!". Wie es seine ehemaligen Kollegen von der Polizei, gerufen von Gregors Nachbarn, die sich von Heinrichs unaufhörlichem Bellen belästigt fühlten, später feststellen werden, schließen die offenen Wunden an den Handgelenken und das blutige Messer eine Fremdeinwirkung als Todesursache aus.

DIE AUGÄIS

Jutta sitzt in der Küche und weint. Sie weiß nicht mehr weiter. Was hat sie diesmal nur wieder falsch gemacht? Bernds Wutanfall. Er kam aus heiterem Himmel. Ein Wolkenbruch. War es das Reizwort Urlaub? Waren es das Meer und ihre Sehnsucht danach, die das Fass zum Überlaufen gebracht haben? Unverhofft kommt oft. Bernd zuckt aus. Immer wieder. Inzwischen weiß Jutta das. Seit acht Monaten, sechs Tagen und elf Stunden. Jutta und Bernd. Zusammen. Ein Paar. Kann passieren. Jederzeit. Der Auslöser. Meist eine Belanglosigkeit. Ausrasten. Abhauen. Zumachen. Sich ins Delirium saufen. Was anderes hilft nicht. In diesen Situationen. Davon ist er überzeugt. Der Bernd. Reden darüber. Im Nachhinein. Wozu? Sich entschuldigen. Er doch nicht. Warum auch? Und vorhin. Muss wohl das mit dem Urlaub gewesen sein.

Jutta hat Bernd davon erzählt, wie sie schon als kleines Mädchen davon geträumt hat, einmal mit ihren Eltern ans Meer zu fahren. Der Sand. Die Wellen. Muscheln und Sonnenschein. Doch es fehlte. Das Geld. Sie sind geblieben. Daheim. Und ihre Träume. Einmal das Meer sehen. Jutta, die Meerjungfrau. Heute. In Sachen Geld. Ihre Eltern tot. Sie selbst arbeitslos. Bernd schlichtet Regale. Bei kik. Noch schlichter. Ohne Regale. Für die Miete. Da reicht es gerade mal. Großstadtmieten sind teuer. Auch für Kleinwohnungen. Ansonsten. Nur das Notwendigste. Von A bis Z. Von Alkohol bis Zigaretten. U wie Urlaub. Undenkbar. U wie Unterhalt. B wie Ben. Bernds Sohn. Von Britta. U wie ungeplant. Ein alimentäres Problem. K wie kein Kontakt. Nur Kosten. Der kleine Ben Hur. Wie Jutta ihn nennt. Wegen Britta. Weil Bernd. Damals. Zusammen mit Alex. Kein Mann. Mit Alexandra. Sogar verheiratet. Doch Ben. Unehelich. Mit Britta. So ganz nebenbei. Daher Ben Hur. Aber alles vor ihrer Zeit. Sagt Jutta. Geschieden von Alex. Getrennt von Britta. Geliebt von Bernd. Wenn er nicht gerade spinnt. Und nicht mal da ist sie sich sicher.

Doch ihre Träume. Die lässt sie sich nicht nehmen. Meeresrauschen. Heißer Sand. Sonnenliege. Sonnenschirm. Sonnenbrille. Sonnencreme. Ein Tag am Meer. Nicht nur ihr Lieblingslied. Ihr sehnlichster Wunsch. Neben dem Kind. Von Bernd. Nicht Ben Hur. Ein eigenes. Oder zwei. Die Fantastischen Vier. Laufen gerade. Im Hintergrund. Volle Lautstärke. Immer dann. Wenn Bernd sich wegsäuft. Einmal die Woche. Manchmal auch zweimal. Öfter nicht. Trotzdem. Sie braucht ihn. So sehr. Jutta ist froh. Keine Arbeit. Kein Bernd. Auf der Straße säße sie. Mit 27. Mit ihrem Pflichtschulab-

schluss. Mit abgebrochener Einzelhandelskauffrauen-
lehre. Und ihrer Nachmittagsmatura in „Modern Tal-
king" bei Sat.1. Dennoch. Rechnen geht. Zumindest die
Grundrechnungsarten. Mit dem Smartphone. Das Geld.
Für Alkohol und Zigaretten. Nicht nur ein Tag am
Meer. Eine Woche. Mindestens. Würde sich ausgehen.
Italien. Kroatien. Oder Spanien. Hauptsache Süden.
Hauptsache Meer. Oder doch Norden. An die Ostsee.
Nein. Weg aus Europa. Weit weg. Nach Griechenland.
Solange es noch steht. Doch ohne Geld. Weder hier.
Noch dort. Wenn er es nur lassen würde. Das Saufen.
Dafür das Geld am Konto. Und weniger rauchen. We-
nigstens nicht mehr als Jutta. Eine halbe Packung.
Chesterfield blue. Das muss reichen. Pro Tag. Auch für
Bernd. Oder ganz aufhören. Gemeinsam. Das Geld spa-
ren. Urlaubskasse. Meer statt Teer. Die Meeresluft. Für
die Lungen. Sicher besser als der Qualm. Gemeinsam
ans Meer. Mit Bernd. Ohne Zigaretten. Griechischer
Wein. Ein Gläschen. Ohne Udo. Und Ouzo. In Maßen.
Mit Zaziki. Ohne Gezicke. Das Meer. Der Strand. Einmal
dabei sein. Der olympische Gedanke. Göttlich wäre
das.

Griechenland. Allgegenwärtig. Grexit. Widerwärtig.
Das Unwort des Jahres. Oder doch Schäuble. Am
Stammtisch. Heftige Diskussionen. In Erich's Eck. Dem
Sportstüberl. Draußen. Beim Fußballplatz. Bernd. Wie
immer. Voll und voll dabei. Unsere Milliarden. Frech-
heit. Schluss damit. Arme Bevölkerung. Scheiß-EU. 60
Euro pro Tag. Schön wär's. Erpressung. Lauter Verbre-
cher. Voll die Pleite. Bankrott. Die Banken geschlossen.

Der Varoufakis verarscht doch alle. Varou fuck you! Raus aus der EU. Prost, Jungs! Die Europäische Zentralbank. Hilfskredite. Die Merkel. Die Alte spinnt ja. Ballast Athene. Eine Runde noch. Geht's nach dem Schäuble, rollt kein Euro mehr. Die sollen die Inseln verkaufen. So wie Tchibo. Haben ohnehin so viele. Viel Reederei um Nichts. Da brennt der Hut. Referendum. Drachmen. Tsipras. Oxi.

Kein Stammtisch. Stattdessen Küchentisch. Die Jutta. Sie hält sich raus. Aus der Politik. Ist ihr zu hoch. Die Notstandshilfe. Die bekommt sie. Das passt schon. Zwar auch nicht die Weißheit vom Ei. Aber immerhin. Und Griechenland. Weit weg. Viel zu weit. Von der Realität. Keine Gesamtlösung. Lauter Insellösungen. Kreta. Mykonos. Lesbos. Naxos. Rhodos. Der Kloß von Rhodos. Der bleibt einem stecken. Im Hals. Verfolgt man sie. Die nicht enden wollenden Diskussionen. Auf einmal lauter Griechenlandexperten. Sollens ruhig alle g'scheit daherreden. Die EU-Bonzen. Im Fernsehen. Die Besserwisser. Im Netz. Und die Ang'soffenen. Am Stammtisch. Samt ihrem Bernd. Für und wider. Pro und kontra. Weder noch. Meint Jutta. Ihr doch wurscht. Wenn nicht Ägäis. Dann halt Krk. Oder Brač. Oder Jesolo. Muss ja keine Insel sein. Nicht unbedingt. Nur Meer. Mehr muss nicht sein. Egal wo. Egal wann. Nur bald.

Eva sitzt in einem Boot. Mit Jutta. Sie bestärkt sie. Bezüglich Urlaub. Und Meer. Eva. Juttas Nachbarin. Und beste Freundin. Selbst kaum bei Kasse. Drei Kinder.

Leon. Luca. Und Lena. Und Stefan. Ihr Mann. Vermisst. Von Lena. Sehr. Von Leon und Luca. Manchmal. Von Eva. Rein gar nicht. Hat nicht geklappt. Anfangs schon. Erst Hochzeit. Bald darauf Lena. Dann. Im Doppelpack Leon und Luca. Das Glück perfekt. Dann Vera. Stefans Neue. Das Unglück perfekt. Aus. Vorbei. Seither. Alleinerziehende Mutter. Die Eva. Auch für sie. Ein Zufluchtsort. Das Meer. In ihren Träumen. Oder mit Jutta. Beim Kaffeeklatsch. Wenn nicht mit Bernd. Dann mit Eva. Ab ans Meer. Fehlt nur der richtige Mann. Oder ein Sechser im Lotto.

Bernd. Längst ausgenüchtert. Für heute auch ausgekikt. Feierabend. Genug geschlichtet. Jetzt noch Fußball. Hobbymannschaft. Immer mittwochs. Training. Draußen. Am Sportplatz. Danach. Nachbesprechung. In Erichs Spelunke. Danach. Heim zu Jutta. Sie hat gekocht. Gestern schon. Heute aufgewärmt. Erbsenreis. Morgen auch noch. Wahrscheinlich. Mit Ketchup. Resteessen. Waren im Angebot. Die TK-Erbsen. 33 Prozent mehr Inhalt. Und der Langkornreis. Eineinhalbkilopackung. Mindesthaltbarkeitsdatum überschritten. Minus 50 Prozent. 1,5 Kilo Reis. 750 Gramm Erbsen. Für zwei Personen. Da nagt man lange daran. Sollen sie auch. Macht satt. Und spart Kosten. Jutta will ans Meer. Bernds Laune. Dem Wetter angepasst. Heftiges Gewitter. Überm Sportplatz. Schwerer Hagel. Der alte Seat Leon. War vorher da. Lange vor Leon. Gleich lange wie vor Luca. Jedenfalls. Dachschaden. Der Leon. Der mit den vier Rädern. Aber nicht nur. Auch die Heckscheibe. Geborsten. Trotz Aufkleber. Lena. Leon. Luca. Die hat er nie entfernt. Der Bernd. War mal Evas Auto. Seit letzten Herbst Bernds Bolide. Längere Namen. Die hätten es vielleicht verhindert. Das Zerspringen. Zumindest gedämpft. Aber so. Scheibe kaputt. Durch und durch. Zwetschkengroße Hagelkörner. Totalschaden. Der Seat Leon. Mehr oder weniger. Ein Inselurlaub. Das Meer. Noch weiter gerückt. In die Ferne. Juttas Fernwehen. Keine Vermeerung in Sicht. Erst mal ein neues Auto. Ein gebrauchtes. Einen Seat Ibiza.

Erbsenreis? Nein. Danke. Vergangen. Der Appetit. Dem Bernd. Ein Bier. Oder zwei. Und die angebrochene Flasche Whisky. Frustsaufen. Und Frust ablassen. An Jutta. „Scheißhagel! Scheiß-Leon! Scheiß-Seat!" Bernd tobt. „Haftpflicht. Mehr nicht. Meer auch nicht. Sicher nicht. Kannst du dir in die Haare schmieren. Statt Sonnencreme auf den Rücken. Scheißhagel!" „Beruhig dich doch, Bernd." „Wie denn? Du hast leicht reden. So ein Vollscheiß! Das Auto. Scheiße, verdammt! Ich könnte... Wo bleibt mein Bier? Und den Whisky bring auch gleich mit! Und dann geh mir aus den Augen!"

Jutta seufzt. Wieder einmal gehen sie hoch. Die Wogen. Kein Kuss. Von Bernd. Zur Begrüßung. Kein nettes Wort. Nur zum Handkuss kommt sie. Wie die Jungfrau zum Kind. Jutta ist traurig. Sie liebt ihn doch. Ihren Bernd. Sie braucht ihn doch. Und er braucht ihn. Den Alkohol. Vollrausch statt Meeresrauschen. Ein Meer aus Sorgen. Ertränkt. Von Bernd. Ertragen. Von Jutta. Ihre Wangen. Benetzt von Tränen. Sie liebt es doch. Das Meer. Sie will es so sehr. Immer stärker. Immer mehr. Jutta sitzt in der Küche und weint. Unzählige salzige Tränen. Sie fließen. Sie bilden ein Tränenmeer. Unbarmherzlich willkommen in der Augäis!

GANZ AUS DEM HÄUSCHEN

„Strangers in the Night" sinatrat es aus den Boxen der B&O-Anlage im Wohnzimmer. Wendelin und Konstanze haben es sich soeben auf ihrer knallroten Alcantara-Couch gemütlich gemacht. Konstanze scheint zufrieden, Wendelin hingegen weniger begeistert. Auf dem Couchtisch lodert ein rötliches Teelicht vor sich hin und hüllt den Raum in eine auf Konstanze entspannend wirkende Patschuliwolke. Wendelin empfindet das Entzünden von Duftkerzen generell als teuren Schwachsinn. Von wegen Geld stinkt nicht. Doch Wendelin war nicht nur des Kerzendufts wegen außer sich. Dazu gleich mehr. Vorerst kurz zu Wendelin.

Wendelin Wandl, ein Gewohnheitstier erster Güte. Alles, bloß keine Veränderungen. Damit war er vollkommen überfordert. Nicht so in seinem Beruf als Statiker, der zu ihm passt wie das Ei zu Kolumbus. Eine traurige Wende in Wendelins Leben brachte voriges Jahr der Tod seiner Eltern. Vater Vinzenz verstarb nach schwerer Krankheit im Jänner, seine Mutter Valerie im März an gebrochenem Herzen. Wendelin, selbst ein Kind von Traurigkeit, hatte es nicht geschafft, seiner Mutter Trost zu spenden. So dauerte es auch nur wenige Wochen, bis Valerie ihrem Zenz folgte. Das brachte, ganz abgesehen von übermäßiger Trauer, Wendelins bislang muttersöhnlich verhätscheltes Singleleben statisch gesehen heftig ins Wanken. Mit seinen nunmehr 38 Jahren war er plötzlich auf sich alleine gestellt.

Nach dem Tod seiner Eltern stand Wendelin da, zunächst gleich zweimal kurz hintereinander am Familiengrab, dann alleine mit dem geerbten Elternhaus. Wendelin fühlte sich plötzlich unheimlich fremd in seinem Zuhause. Eine liebe Partnerin würde das ändern, dachte sich Wendelin, doch sein Verhältnis zu Frauen war seit einem Fauxpas mit bleibender Erinnerung getrübt. Ungefähr zeitgleich mit seinem Einstieg ins Berufsleben wäre Wendelin damals mit 28 beinahe sein erster körperlicher Kontakt mit einer Frau beschieden gewesen. Eigentlich lief alles wie am Schnürchen und Vanja, so hieß sein Versuchshäschen in Sachen Sex, war voll in Fahrt. Nur noch stringent gekleidet hechelte Vanja bereits heftig, gefolgt von unmissverständlichen Stöhngeräuschen, die ihn eindringlichst zu eindeutigen Handlungen aufforderten. Doch Wendelin war völlig verunsichert, vielmehr besorgt um Vanja und wusste in dem Augenblick nichts Besseres zu tun, als sie in die stabile Seitenlage zu befördern und zu fragen, ob denn alles in Ordnung mit ihr war.

Vanja sah ihn entgeistert an und erstickte beinahe in schallendem Gelächter. „Dann bleibst du eben Jungfrau!" Mit einem abschätzigen Grinsen und einem „Adios, Muchacho!" verließ sie das Hotelzimmer. Die Erinnerung an diesen peinlichen Vorfall ist bis heute präsent, doch konkrete Gelegenheiten, sich nochmals derart zu blamieren, boten sich in den folgenden zehn Jahren keine. Was die Ablehnung von Frauen anging, blieb Wendelin bis auf Weiteres ebenso standhaft wie anderen Veränderungen gegenüber abgeneigt.

Da sein Wunsch nach einer Partnerin nicht so leicht zu erfüllen war, stellten einstweilen abendfüllende Fernsehabende die wahre Erfüllung für Wendelin dar. Trotz noch so fadem Programm zappte er sich allabendlich mehrfach auf und ab durch alle Kanäle. Lediglich bei Hustler TV blieb Wendelin immer etwas länger hängen, zumindest größtenteils. Doch dann, als er auf ORF 2 zu „Liebesg'schichten und Heiratssachen" zurückgezappt hatte, um wenigstens einen Teil seiner Rundfunkgebühren als gerechtfertigt ansehen zu können, saß sie da, auf einer kackbraunen Couch mit absonderscheußlicher Musterung. Konstanze, 37, aus Klagenfurt. Von Elisabeth T. Spira soeben zu den Eigenschaften ihres Traummanns befragt. Konstanzes bescheidene Wünsche deckten sich eins zu eins mit seinen Erwartungen, doch da war etwas, das Wendelin noch viel mehr faszinierte. An der Wand hinter ihr hing eine wunderschöne Kuckucksuhr. Nicht irgendeine Kuckucksuhr. Nein, dasselbe Modell, das ihm seit Uhrzeiten auch im Hause Wandl die Stunde schlägt.

Eine echte Schwarzwälder Kuckucksuhr, handge-
schnitzt, mit Achttagewerk. Kein Zweifel, es war das
Sondermodell „Viktor Adler" aus dem Jahre 1911. Das
konnte keinesfalls ein Zufall sein. Konstanze war für
ihn bestimmt. Sie musste die neue Konstante in seinem Leben werden. Ihr musste er unbedingt schreiben, sie für sich gewinnen. Und tatsächlich. Nicht nur
seine Zuschrift, auch seine Sympathiebekundungen
wurden von ihr alsbald erwidert. Wendelin kam vom
heiteren in den siebenten Himmel. Bereits während
der Sendung war er sich sicher gewesen, Konstanze
war nicht nur ihres Namens wegen die Richtige für
ihn, denn, das konnte er zwischen ihren Zeilen lesen,
sie würde ihn wirklich so lieben, wie er ist, und ihm
keine Veränderungen abverlangen. Zusätzlich freute
sich Wendelin bereits auf den Kuckucksuhrenzuwachs
in seinem Haus. Zwei Herzen, die füreinander schlagen
wie zwei Kuckucksuhren, die wie ein Ei dem anderen
gleichen.

Dennoch wollte es Wendelin nicht überstürzen und
vom ersten Treffen zwischen den beiden bis zum Ein-
zug Konstanzes ins Wandl-Haus mit Wendeltreppe
verstrichen ganze drei Monate. Konstanze liebte nicht
nur am Papier alles an ihm. Weder seine Schwimmrei-
fen in der Körpermitte noch seine undezente Schmalz-
locke boten einen Grund für Gehässigkeiten und schon
gar nicht verlangte Konstanze von Wendelin, dass er
nur irgendetwas an seinem Aussehen oder seiner Art
ändern sollte. Dies änderte sich auch nicht, als Konstanze nach der dreimonatigen Probezeit mit Sack und

Pack bei ihm einzog. Alles eitel Wonne. Keinerlei Meckereien über den Herrn des Hauses. Dafür hatte sie immer mehr am Haus des Herrn auszusetzen. Angesichts der Unaufgeräumtheit und Pflegebedürftigkeit ihres neuen Eigenheims entpuppte sich Konstanze nicht nur als reinlichkeitsfanatisches Putzteufelchen, sondern sie begann auch, Wendelins fehlendes Verständnis für Dekoration jeglicher Art insofern wettzumachen, als dass sie die bislang mit Wollmäusen verzierten Flächen mit Kerzen und ähnlichen Wohnaccessoires verstellte. Kommode für Kommode, Regal für Regal, Zimmer für Zimmer entfernte Konstanze an allen Enden, vor allem aber in allen Ecken den Grind der letzten Monate und behübschte die Räume mit ihrem Dekokram, selbstverständlich durchgängig auf die Wandfarbe der einzelnen Zimmer abgestimmt.

Bis auf die alte Kuckucksuhr, das Familienerbstück von Opa Witgar, und drei hässliche Wandteller, die Wendelins Eltern in den Achtzigerjahren von ihren seltenen Urlauben auf Ischia mitgebracht hatten, waren die übrigen Wände, abgesehen von der Grobmusterung der bunten Tapeten, von dekorationsmäßiger Kahlheit geprägt. Vater Vinzenz hatte wie schon seine Eltern rein gar nichts für Schmuck über. Wendelin kannte es daher nicht anders und hielt an der schlichten Einrichtung des Hauses ohne dekorativen Glanz und Glamour fest, wie auch an den von jeher immer noch von großflächig gemusterten Tapeten bedeckten Wänden, vorwiegend in den Farben Braun, Grün und Orange sowie recht gewagten kreisförmigen Kombinationen derselben. Sie alle sprachen für die hervorragende Kleisterqualität der Siebzigerjahre, denn das Zeug hielt und hielt. An manchen Stellen drückten bereits sieben Tapetenschichten auf die Räume.

In verbissener Schichtarbeit versuchte Konstanze, den Tapeten Frau zu werden, doch sie merkte rasch, dies würde eine Lebensaufgabe werden. Damit trat Plan B in Kraft. Die potthässlichen Tapeten mussten durch überbordende Dekorationen möglichst unsichtbar gemacht werden. Endlich konnte Konstanze die in ihrem alten Keller in sperrigen Kartonagen dahindarbenden Schmuckstücke aus der Erbmasse ihrer Großtante, darunter weitere 23 Kuckucksuhren und Unmengen an Wandtellern, wie sie Wendelin besonders liebte, ihrer ureigensten Bestimmung zuführen. Konstanze war in ihrem Element, als sie die gefühlt mindestens 500 Wandteller gezielt tapetenmusterüberdeckend auf den Wänden platzierte. Selbst Wendelins kleines Arbeitszimmer blieb von Konstanzes eigentümlichen Dekorationsattacken nicht verschont. Wendelin hätte beinahe der Schlag getroffen an diesem Abend, an dem sich Konstanze untertags über seinen persönlichen Rückzugsort hergemacht hatte, als er das Ergebnis zu entsetztem Gesicht bekam. Zwar hatte Konstanze nicht damit gerechnet, dass Wendelin ob ihrer Umgestaltungen ganz aus dem Häuschen sein würde. Doch dass er so außer sich sein würde, damit auch nicht. Was sie aber nicht davon abhielt, das gesamte Haus dekomäßig voll zu okkupieren. Wendelin fühlte sich von Tag zu Tag fremder in seinem Zuhause.

Es war zwar immer noch sein Haus, allerdings konnte er der Sucht von Konstanze keinen Einhalt gebieten.

Doch zurück auf die Alcantara-Couch im Wohnzimmer. Wendelin rümpfte seine patschuliduftgereizte Nase, während Konstanze sich ihm mit halb geöffneter Bluse, die den Blick auf einen roten Spitzen-BH samt Inhalt freigab, näherte. „Wendelin, ich... ich muss dir etwas sagen... besser gesagt beichten..." „Was kann denn noch schlimmer sein als mein Arbeitszimmer, das du mit deinen Staubfängern versaut hast?", pfauchte Wendelin genervt und von Konstanzes Verführungskünsten vollkommen unbeeindruckt. „Ach, Wendelin, sei doch nicht so. Ich möchte es uns doch nur schön machen", versuchte sie, ihn zu beschwichtigen. „Ha, wenn du deinen ganzen Dekofirlefanz mit schön meinst, dann kann ich gerne drauf verzichten." Da platzte es aus Konstanze heraus. „Wendelin, ich bin schwanger." Wendelin zuckte zusammen, sah Konstanze ungläubig an, schüttelte den Kopf und fragte: „Du bist bitte was?" „Schwanger bin ich, Wendelin... im fünften Monat... ist das nicht..." „Das kann doch nicht wahr sein. Sag, dass das nicht dein Ernst ist. Wir sind doch erst seit drei Monaten zusammen. Ich glaub', mir haut's den Vogel raus", unterbrach sie Wendelin schroff. Er warf ihr einen bösen Blick zu und geiferte weiter: „Du hast ja eine echte Meise! Zuerst spielst du mir was vor, ziehst hier ein, verwüstest mein Elternhaus mit deinem Dekowahn... und jetzt willst du mir auch noch ein fremdes Kind andrehen? Und dann soll ich mich vielleicht auch noch freuen? Zum Kuckuck noch mal, raus mit dir, aber flott, bevor ich mich vergesse!"

Aus den Boxen der B&O-Anlage schnulzte von Wendelins Schimpftiraden übertönt „Feels Like Home" vor sich hin, während Konstanze bitterlich weinend das Haus verließ. Eine flog aus dem Kuckucksnest, dachte Wendelin bei sich, als er voll Wut ihre Kuckucksuhr von der Wand riss und ihr mit einem „Du Schlampe, du!" hinterherschleuderte.

ES IST EIN ROSS ENTSCHWUNDEN

Betlehem anno null. Wir schreiben den 23. Dezember. Josef ist Zimmermann. Maria hochprägnant. Nicht von Josef. Der nagelt nur Dachschindeln. In Betlehem steht das Event des Jahres vor der Tür. Die Uraufführung von „Jesus Christ Superstar". Natürlich in der Originalbesetzung. Als Kulisse für das Spektakel dient ein kleiner, unscheinbarer Stall am Rande der Stadt. Obwohl, das mit unscheinbar stimmt nicht wirklich. Ein funkelnder Stern mit langem Schweif weist den Weg zur Spielstätte und erhellt die Bühne. Ochse und Esel verharren bereits textsicher in ihren Positionen im Hintergrund. Gut so, denn die Texttafelhalterin ist krank. Ursprünglich war neben Maria auch noch ein Pferd als tragende Rolle eingeplant, doch mit Wehmut verkündet der Regisseur soeben: „Es ist ein Ross entschwunden." Der gemeine Pferdedieb von Betlehem muss wieder zugeschlagen haben. Seit Tagen treibt er hier schon sein Unwesen. Das beste Pferd aus dem Stall hat er entwendet, wohl weil auch das einzige. Ross Antony, ein warmblütiger Hengst, Doku-Soap- und Reality-TV-erprobt. Doch nun fehlt Ross Antony am Set. Dabei glänzte und brillierte gerade er bei den Proben besonders. Aber auch Maria spielte ihre zahlreichen Scheingeburten in den vergangenen Wochen mit Engelsgeduld und Nachdruck vollkommen glaubhaft. Ausgerechnet heute, es sollte der große Wurf werden, musste das passieren. Ross Antony ist aus dem Stall. Kurz überlegt die Crew, Bob Ross als Ersatz einfliegen zu lassen. Allerdings ist der schauspielerisch untalentiert und könnte lediglich das Bühnenbild am Pferdestandort mit einem Weihnachtsbaum übermalen. Der Gedanke wird rasch wieder verworfen. Josef, der Maria nicht nur nach Betlehem begleitet hat, sondern auch durch die gesamte Schwangerschaftsvorbereitung, ist ebenso sprachlos wie verzweifelt. Der Regisseur hat vorhin die Anweisung gegeben, die Geburt so lange hinauszuzögern, bis Ross Antony wiedergefunden wurde und zurück am Set ist. Dabei waren die Wehen von Maria doch so perfekt hingetimt und hingecastet und haben pünktlich kurz vor Drehbeginn eingesetzt. Ihr unregelmäßiges Stöhnen und Ächzen übertönt das Schnauben des Ochsen bei Weitem. Der Esel gibt sich störrisch, da sein gelegentliches Iah in dem hohen Lärmpegel untergeht. Es herrscht Chaos am Set. Der Regisseur verweigert das Weiterdrehen der Reality-Doku-Soap ohne Pferd. Der wortkarge Josef meldet sich daraufhin ungewohnt energisch zu Wort: „Drehen wir hier einen Dokumentarfilm für die Nachwelt oder führen wir die ‚Göttliche Komödie‘ auf? Machen wir halt ohne Pferd weiter, zum Teufel noch mal." Regisseur, Kameramann und Tontechniker schauen ihn ungläubig an. Keiner von den dreien heißt Thomas. Das Warten wird länger. Dunkelheit bricht bereits über Betlehem herein. Die Ungeduld am Set steigt. Ochse und Esel sind lang angebunden. Maria gibt sich verhalten und laut zugleich. Josef hämmert der Kopf. Das Drehteam dreht Däumchen.

Kurz vor Mitternacht kehrt plötzlich völlig unerwartet Ross Antony von selbst zurück an den Set. Verweihnachtswundert schauen ihn alle an, ehe er sich erklärt: „Sorry, ich bin so sorry, aber ich war gekränkt. Mir haben sie beim Casting gesagt, ich wäre hier der Star, und dann bekomme ich nur diese lächerliche Nebenrolle als Ross. Darum wollte ich den heutigen Liveact platzen lassen. Aber das ist Kindergarten. Lasst uns die Show rocken. Er ist hier der Star, holt ihn endlich raus!"

Und so geschah es, dass die Geburt von Jesus Christ in den Morgenstunden des 24. Dezember Nulltausendundnull super unkompliziert und ganz und gar nicht unbritentiös im Beisein von Ross Antony über die Bühne ging. Halleluja! Ding Ding Dong!

NACHDENKLICHES NACHWORT

Die Wege des Bären sind unergründlich.
(Gerhard 20,16)

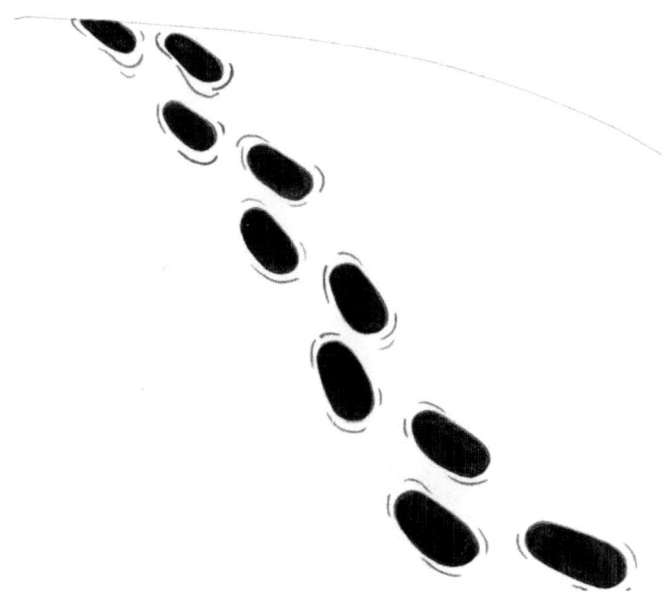